BIBLIOTECA DE FILOSOFÍA DEL DERECHO

Carlos Alarcón Cabrera
(Director)

Carlos Antonio Agurto Gonzáles
Sonia Lidia Quequejana Mamani
Benigno Choque Cuenca
(Coordinadores Generales)

Carlos Alarcón Cabrera
Catedrático de Filosofía del Derecho
Universidad Pablo de Olavide

Causalidad
y
Normatividad

Edición al cuidado de
Carlos Antonio Agurto Gonzáles
Sonia Lidia Quequejana Mamani
Benigno Choque Cuenca

Ediciones Olejnik

CAUSALIDAD Y NORMATIVIDAD

Huérfanos 611, Santiago - Chile
E-mail: contacto@edicionesolejnik.com
Web site: http://www.edicionesolejnik.com

Primera edición: 2018

ISBN: 978-956-392-134-2

Diseño de Carátula: Ena Zuñiga
Diagramación: Luis A. Sierra Cárdenas

Impreso en Argentina 2018 Printed in Argentina

Índice

CAPÍTULO I
INTRODUCCIÓN

CAPÍTULO II
IMPERATIVOS CATEGÓRICOS E IMPERATIVOS HIPOTÉTICOS

CAPÍTULO III
LA FALACIA DEÓNTICA Y LA FALACIA ANANKÁSTICA

CAPÍTULO IV
LA GUILLOTINA DE KANT

A Nuria, Irene, Alicia y Carlos,
fieles al significado de sus nombres:
la *luz*, la *paz*, la *verdad*, el *soldado*.

CAPÍTULO I

INTRODUCCIÓN

1. Deberes deónticos y deberes técnicos

En los enunciados normativos, el deber se suele expresar a través de verbos («deber», «no poder», «tener que», «haber de»...), a través de sustantivos («obligación», «prohibición», «no permisión»...) o a través de adjetivos («obligatorio», «necesario», «prohibido», «no permitido»...). En el primer caso, se utilizan formas verbales como el infinitivo, el gerundio o el participio («no fumar», «debiendo...», «está prohibido»), modos verbales como el indicativo, el imperativo o incluso el subjuntivo («deben...», «gire a la derecha», «debiera...»), tiempos verbales como el presente, el futuro, el potencial o el pasado («debe...», «deberá...», «debería...», «debía...»).

Sin embargo, toda esta variedad sintáctica no aporta una información certera sobre la naturaleza semántica y pragmática de cada deber normativo. En particular, el carácter semántica y pragmáticamente deóntico o técnico de un deber normativo es independiente de la estructura sintáctica del enunciado normativo correspondiente.

Es más, ya en tò *déon* el participio neutro sustantivado del verbo impersonal griego *dei*, utilizado para hacer referencia al deber y a la necesidad normativa, hallamos una ambigüedad característica. Como ha documentado A. Conte, el propio Aristóteles ya resaltó la polisemia de tò *déon*, que podía tener un sentido *deóntico* y un sentido *anankástico*, técnico[1]. El deber técnico es en cierto modo atípico y autocontradictorio;

---

[1] Cfr. Amedeo G. Conte, **Deóntica aristotélica,** 1992, pp. 181 ss. Como destaca Conte, el sintagma ***tò déon*** tenía ya en la filosofía griega relevantes connotaciones valorativas ambivalentes. Para Platón, ***tò déon*** es un término valorativo,

no es un deber propiamente ***deóntico,*** ya que no está presente en las reglas deónticas, las reglas con las que tradicionalmente opera la lógica deóntica, sino en las reglas técnicas, las reglas que tratan los medios a emplear para alcanzar un determinado fin. El deber técnico no es un deber categórico, sino un deber hipotético, condicionado, un deber que obliga en tanto que se desee conseguir un determinado fin.

El concepto de «deber técnico» está así estrechamente ligado al concepto de «condición». Las reglas técnicas ordenan un comportamiento como condición de realización de un fin posible: ordenan un comportamiento bajo la condición ***subjetiva*** de perseguir un fin y en tanto que condición ***objetiva*** de consecución del fin que se persigue. La formulación típica del deber técnico es la oración condicional en cuyo antecedente se menciona el fin que persigue el agente, y en cuyo consecuente se menciona la conducta a realizar para la consecución del fin: «si deseas X, debes hacer Y».

un «axiónimo», que aunque suele representar una determinada idea de bien, no tiene un significado unívoco. En el diálogo **Cratilo,** dice Platón: «En esta forma, ***tò déon*** significa lo contrario de todos los nombres relativos al bien. De hecho, ***tò déon,*** siendo una especie de bien, parece ser vínculo y obstáculo del movimiento, casi hermano de lo nocivo, de lo dañino» (**Cratilo,** 418c). Y para Aristóteles ***tò déon*** no significa específica y exclusivamente la necesidad normativa, *deóntica,* que toma el nombre de ***tò déon.*** Aristóteles denuncia en el **Organon** la ambigüedad y la polisemia (el habla de *homonymia)* de ***tò déon,*** la coexistencia de un sentido deóntico y de un sentido *adeóntico* de tó *déon:* «las argumentaciones conectadas con la homonimia son similares a las siguientes: (...) El mal es bien; en efecto, lo que debe ser *(ta déonta)* es bien, y, por otra parte, el mal debe ser *(déonta).* La expresión 'lo que debe ser' (***tò déon***) tiene un doble significado: por una parte indicamos con ella lo que es necesario (*tó anankaion),* lo cual se adapta frecuentemente también al caso del mal, que verdaderamente tiene algo de necesario; y por otra parte indicamos con ella lo que está bien» (**Refutaciones sofísticas,** 165b). (Cfr. Amedeo G. Conte, **Mínima deóntica,** 1988, y **Deon in deontics,** 1991). *Tò anankaioni.* «lo que es necesario», aparece ya en relación con *nomos* en **Las leyes de Platón** (XI, 930b) y en la **Etica a Nicómaco** (1180a). Resulta sugerente la tesis de García Bacca según la cual «anánke» comenzó designando una divinidad: «Para los griegos, *Anánke,* Necesidad, fue una diosa, superior y más potente aún que Júpiter mismo y que los dioses de su corte. «A *Necesidad* no pueden enfrentarse ni los dioses» pasó a refrán. «Júpiter está condenado por *Necesidad* a ser Padre de dioses y de hombres». Lo es necesariamente. *Anánke* lo recordaba, pues sonaba a «inflexible», a «sin-codo', «sin-articulaciones», a rígido y recto. Pero en tiempos de Aristóteles, la diosa había descendido ya a adjetivo o adverbio: a ' necesario» y «necesariamente»» (Juan D. García Bacca, **Necesidad. Necesario. El necesario,** 1986, pp. 113-114).

El estudio del deber técnico es relevante en sí mismo, sobre todo por su paradójica naturaleza de deber normativo no deóntico, y es relevante también como instrumento de análisis de muchos otros conceptos fundamentales de la teoría del derecho, de la metaética, de la teoría de la acción y de la lógica deóntica.

2. Reglas técnicas y *proposiciones* anankásticas

La oposición entre reglas deónticas y reglas técnicas, entre deber deóntico y deber técnico, aparece ya claramente en la teoría integral de la norma jurídica de G. Brunetti (**Norme e rególe fínali nel diritto**, 1913). Brunetti destaca que realizar un acto en desacuerdo con las condiciones de validez puestas por una norma no constituye «desobediencia a un imperativo jurídico». La invalidez de un acto no implica su ilicitud, del mismo modo que, recíprocamente, la ilicitud de un acto tampoco implica su invalidez. En palabras de Brunetti, la ilicitud de un acto es provocada por el incumplimiento de un «deber jurídico», de un deber derivado de una «regla imperativa» (de un deber deóntico, de un deber que deriva de una regla deóntica); la invalidez de un acto es provocada por el incumplimiento de un «deber jurídico-finalista», de un deber derivado de una «regla finalista» (de un deber técnico, de un deber que deriva de una regla técnica). El «principio generador» o acción humana que es causa eficiente de la «regla finalista» responde al esquema «el hecho A produce la consecuencia jurídica B»[2].

[2] El concepto de Brunetti de «principio generador» recuerda a la noción wittgensteiniana de «hipótesis». Sin embargo, para Wittgenstein, las *hipótesis* no cumplen funciones descriptivas, sino prescriptivas, en tanto que «*constituyen* las leyes para la construcción de proposiciones generales o universales». Las *hipótesis* unifican los hechos empíricos repetidos a través de leyes naturales, pero la verificabilidad y descriptividad de los hechos concretos no se traslada ni a las hipótesis ni a las leyes naturales correspondientes. Mientras que los *principios generadores* de Brunetti responden al esquema «el hecho A produce la consecuencia B» («el agua hierve a cien grados»: calentar el agua a cien grados produce (a consecuencia de que hierva), las leyes naturales constituidas por las *hipótesis* responden en el contexto de la *gramática* de Wittgenstein al esquema «el hecho A *debe* producir la consecuencia B» («el agua *debe* hervir a cien grados»: calentar el agua a cien grados *debe* producir la consecuencia de que hierva). Vid. Ludwig Wittgenstein, **Tractatus logico-philosophicus** (1921), 1922, prop. 5.135-5.1361 y 5.521 ss. (trad. cast.: **Tractatus logico-philosophicus,** 19871; **Philosophical Investigations,** 1953, prop. 611

La «regla finalista» se esquematiza como «si quieres que se produzca la consecuencia jurídica B, debes actuar del modo A»[3].

ss. (trad. cast.: **Investigaciones filosóficas,** 1988); **Philosophical Remarles,** 1964, prop. 225 ss. Cfr. **Ludwig Wittgenstein and the Vienna Circle: Conversations Recorded by Friednch Waismann,** 1967 (trad. cast.: **Ludwig Wittgenstein y el Círculo de Viena. Conversaciones con Friedrich Waismann,** 1973), donde Wittgenstein contrapone la *descriptividad* de las *aserciones* a la *prescriptividad* de las *hipótesis:* «la hipótesis no es una aserción, sino una ley para la formación de aserciones (....). Una ley natural no se puede ni comprobar ni refutar. De la ley natural no se puede decir ni que sea verdadera ni que sea falsa, sino sólo que es «probable», y por «probable» se entiende aquí: sencillo, cómodo. Una aserción, en cambio, es verdadera o falsa, nunca probable. Lo que es probable no es aserción (....). La física construye un sistema de hipótesis que se expresan como un sistema de ecuaciones. Las ecuaciones de la física no pueden ser ni verdaderas ni falsas. Verdaderos o falsos son solamente los resultados derivados de la verificación, esto es: las aserciones fenomenológicas. *La física no es historia.* La física profetiza. Si se quisiera concebir la física escuetamente como un informe sobre los hechos observados hasta el presente, se la privaría de lo que le es esencial, su referencia al futuro. Se convertiría en algo como la narración de un sueño. Las aserciones de la física nunca están cerradas» (ibid, pp. 87-89). Wittgenstein subraya en diversas ocasiones que la física no se compone de *proposiciones,* sino de *hipótesis,* y que nuestra experiencia se nutre de las percepciones de los «cortes» individuales a través de las hipótesis: «Las ecuaciones de la física no son proposiciones, sino hipótesis (....). Con la hipótesis suponemos *más* de lo que se nos exige en la tarea de describir la experiencia inmediata. La hipótesis cuenta con *más* de lo que se transmite en un modo de experiencia. Las hipótesis de la física están conformadas de manera que logran poner en recíproca relación buen número de experiencias de naturaleza distinta. Lo que une es la hipótesis» (ibid, pp. 141-142). La *hipótesis* posee así para Wittgenstein una *gramática* específica, una *estructura gramatical* diferente de la que posee la *tesis:* «Antes se creía que la hipótesis era una tesis cuya verdad poseía menos seguridad. Se venía a pensar: En la hipótesis no hemos probado aún todas las contingencias, por lo que estamos menos seguros de su verdad, como si el criterio dirimente fuera *histórico,* por así decir. Pero opino que la hipótesis, por el contrario, es ya de antemano una estructura gramatical totalmente diferente. Si tuviera que describir la gramática de la hipótesis, lo haría en estos términos: No procede de ninguna proposición particular ni de ningún conjunto de proposiciones particulares. Y en este sentido jamás puede comprobarse» (ibid, pp. 185-186). Vid. Peter M. Hacker, **Wittgenstein: Rules, Grammar and Necessity,** 1980; Conte, Amedeo G., **Regola costitutiva in Wittgenstein,** 1981; Rosaria Egidi, **Intenzione e ipotesi in Wittgenstein,** 1983.

3 Giovanni Brunetti, **Norme e rególe finali nel diritto**, 1913, pp. 85 ss. En su **Teoría della norma giuridica,** N. Bobbio resalta que la distinción de Brunetti entre regla finalista y principio generador sólo tiene sentido cuando el principio generador es una ley física, en cuyo caso la norma técnica («Si quieres que hierva el agua, debes calentarla a cien grados») deriva de la proposición

La distinción entre «principio generador», «regla finalista» y «regla imperativa» la encontramos reformulada en G. H. von Wright. En **Norm and Action,** von Wright define las «normas técnicas» o «directivas» como «las reglas que tratan los medios a emplear para alcanzar un determinado fin». Las reglas técnicas no coinciden para von Wright con las «proposiciones anankásticas» en las que se basan, con las reglas que ponen las condiciones presupuestas por las reglas técnicas. La regla técnica tiene como trasfondo una intención declarada de lograr un fin («si quieres obtener entrada para el concierto, debes guardar cola durante dos horas», «si no quieres mojarte, debes llevar paraguas»), pero la «proposición anankástica» se limita a describir un estado de cosas que es condición de otro estado de cosas («para obtener entradas para el concierto se debe guardar cola durante dos horas», «para no mojarse se debe llevar paraguas»)[4]. A los «princi-

---

descriptiva («El agua hierve a cien grados»), del mismo modo que el imperativo hipotético «Si quieres evitar resfriarte toma una aspirina» deriva de la proposición descriptiva «La aspirina evita el resfriado». Cuando el principio generador no es una ley física, sino un imperativo hipotético que ordena comportarse de una determinada forma para conseguir que un acto sea válido, la regla técnica sólo constituye a juicio de Bobbio una formulación alternativa del principio generador, y no una derivación de él. Simplemente ocurre que normas como «La donación debe hacerse constar en escritura pública» pueden formularse también hipotéticamente: «Si quieres efectuar una donación, debes hacerla constar en escritura pública». En este supuesto, resalta Bobbio, la consecuencia no es el efecto de una causa en sentido natural, sino que es una consecuencia que se imputa a una acción, considerada como medio por una norma jurídica. En las reglas finalistas lo que es libre es el fin, pero no el deber, por lo que Brunetti no debería haber confundido la norma que prescribe los medios, que como toda regla técnica es para Bobbio imperativa, con la norma que se refiere a los fines, que o no existe o es permisiva: «si yo no hago testamento, ciertamente no violo la norma que establece las modalidades para hacer testamento, no ya porque esta norma no sea imperativa, sino porque mi comportamiento queda fuera de los comportamientos regulados por ella» (Norberto Bobbio, **Teoría della norma giuridica,** 1958, pp. 107 ss., en particular ep. 23 y 34). Más cercana a Brunetti es la posición de G. Carcaterra, quien ha destacado la función **constitutiva** de los principios generadores que tanto en el derecho como en la naturaleza son la base de las reglas técnicas (Gaetano Carcaterra, **Le norme costitutive,** 1974, pp. 124 ss.).

4 El ejemplo de «directiva» o «norma técnica» que von Wright cita es: «Si quieres hacer la cabaña habitable, tienes que calentarla». A diferencia de este enunciado, que no es para von Wright ni «descriptivo ni prescriptivo», el enunciado 'Para hacer la cabaña habitable, debe calentarse' sí es a su juicio

pios generadores» de Brunetti y a las «proposiciones anankásticas» de von Wright se les ha denominado posteriormente, en el contexto de la teoría de las reglas constitutivas, «reglas hipotético-constitutivas», reglas que constituyen deberes para la hipótesis de que se quiera alcanzar un determinado fin, reglas que ponen las condiciones presupuestas por las reglas técnicas.

El deber técnico es el deber propio de los *principios generadores* y de las *reglas finalistas,* en términos de Brunetti, de las *proposiciones anankásticas* y de las *normas técnicas,* en términos de von Wright, de las *reglas hipotético-constitutivas* y de las *reglas técnicas,* en términos de A. Conte. En el contexto de la teoría y la tipología contiana de las reglas constitutivas, las reglas hipotético-constitutivas instauran una relación de condición, ponen condiciones para que un acto o circunstancia posea un determinado valor («X debe ser N para contar como Y», «X debe ser N para tener el valor de Y»), Desde un punto de vista semiótico, presuponen la connotación y establecen la denotación de los términos que hay en las reglas al poner condiciones de validez de las entidades designadas por dichos términos. Una regla que establece las condiciones para que un testamento sea válido determina la denotación o extensión de términos como «testamento», una regla que establece las condiciones para que un matrimonio sea válido determina la denotación o extensión de términos como «matrimonio».

---

puramente descriptivo: «Dice que calentar la casa es una **condición necesaria** para hacerla habitable, independientemente de si alguien quiere hacer la casa habitable y se lo propone como fin». Un enunciado que indica que alguna cosa es o no es una condición necesaria de alguna otra cosa es denominado por von Wright «enunciado anankástico», y expresa una «proposición anankástica» que es presupuesta por la regla técnica (Georg H. von Wright, **Norm and Action,** 1963, pp. 9 ss.). Kalinowski ha seguido a von Wright al definir la proposición anankástica como «la proposición que constata la relación constante de concomitancia o de sucesión entre un hecho o un estado de cosas que dependen directamente de la acción consciente y libre del hombre, y otro hecho o estado de cosas susceptible de ser deseado por el eventual autor de la acción en cuestión». La «aserción» de la relación normativa deóntica creada a partir de la proposición anankástica **constituye** la regla técnica (Georges Kalinowski, **Fossibilité et structure de la logique déontique,** 1965, pp. 320 ss.) Cfr. Herbert W. Schneider, **Teleological Prescriptions and Descriptions,** 1989, pp. 211-213.

Las reglas técnicas ordenan un comportamiento en tanto que condición de realización de un fin posible. Se apoyan implícitamente en la existencia de condiciones, presuponen las condiciones puestas por reglas hipotético-constitutivas, reglas como las que en los textos jurídicos establecen las condiciones de validez de actos o situaciones jurídicas (testamento, matrimonio...). Si establece una condición que puede cumplir el destinatario y no está en contradicción con otras reglas constitutivas, una regla hipotético-constitutiva *funda* una regla técnica. El art. 1280.3 del Código civil, «Deberán constar en documento público las capitulaciones matrimoniales y sus modificaciones», puede considerarse una regla hipotético-constitutiva que, siempre que no esté en contradicción con alguna otra regla constitutiva, funda una regla técnica que se podría formular así: «Si quiere otorgar o modificar capitulaciones matrimoniales, debe hacerlas constar en documento público». El art. 1280.3 establece la denotación o extensión del término «capitulaciones matrimoniales» al establecer sus condiciones de validez, y como tal implica la regla técnica correspondiente al estado mental *finalista* del destinatario de la norma[5].

[5] Cfr. Amedeo G. Conte, **Materiali per una tipologia delle regole,** 1985, pp. 345 ss.; Giampaolo Azzoni, **Il concetto di condizione nella tipologia delle regole,** 1988, pp. 81 ss. Las reglas hipotético-constitutivas establecen la denotación o extensión de los términos que aparecen en ellas. Su connotación o intención viene determinada por las definiciones legales o reglas ***categórico-constitutivas.*** Por ejemplo, el art. 618 del Código civil es una regla categórico-constitutiva que ofrece una definición legal de la donación: «La donación es un acto de liberalidad por el cual una persona dispone gratuitamente de una cosa en favor de otra, que la acepta». El término «donación» es connotado por el art. 618. Los artículos 624 y ss. son reglas hipotético-constitutivas que, presuponiendo la connotación establecida en el art. 618, determinan la denotación de «donación». Por ejemplo, el art. 633 establece como condición de validez de la donación de cosa inmueble que se plasme en escritura pública («Para que sea válida la donación de cosa inmueble, ha de hacerse en escritura pública»). De esta regla hipotético-constitutiva deriva la regla técnica «si quiere donar una cosa inmueble, debe plasmar la donación en escritura pública». Ontològicamente, las reglas categórico-constitutivas *son* condición de la praxis que regulan (por ejemplo, la donación no *existe* legalmente, no está institucionalizada jurídicamente, si no hay un artículo como el 618 que la defina en un texto jurídico). Las reglas hipotético-constitutivas *ponen* condiciones de la praxis que regulan (por ejemplo, el art. 633 pone condiciones para que una donación de cosa inmueble sea válida). Las reglas técnicas *presuponen* condiciones de la praxis que regulan (la regla técnica «si

3. Hacia una lógica de las reglas técnicas

En **Deontic Logic,** 1951, von Wright resaltó la analogía entre la categoría ***alética*** de la necesidad y la categoría **deóntica** de la obligatoriedad. La lógica deóntica sería la lógica de los conceptos modales deónticos (lo obligatorio, lo permitido, lo prohibido), y su base sería similar a la de la lógica alética, la lógica de los conceptos modales aléticos (necesidad, posibilidad, contingencia), como también sería similar a la base de la teoría de la cuantificación o lógica de los conceptos modales existenciales (universalidad, existencia, vaciedad), y a la de la lógica epistémica o lógica de los conceptos modales epistémicos (lo verificado, lo indeterminado, lo falsado)[6].

Paralelamente a la distinción entre necesidad alética y obligatoriedad deóntica, se pueden distinguir dos conceptos lógicos de deber normativo, el de deber técnico y el de deber deóntico. Ya J. Sztykgold, antes incluso que von Wright, puso de relieve la analogía entre ambos conceptos en su ***teoría normativa del derecho,*** teoría que él no definía como una lógica formal, sino como una «teoría de enunciados que expresan un deber»[7].

---

quiere donar una cosa inmueble, debe plasmar la donación en escritura pública» presupone la condición de validez puesta por el art. 633). En sentido similar, vid. Manuel Atienza y Juan Ruiz Manero, **Sulle regole che conferiscono poteri,** 1994; **Las piezas del derecho,** 1996, pp. 62 ss.

6 Georg H. von Wright, **Deontic Logic,** 1951, pp. 1 ss.; **An essay in modal logie,** 1951.

7 Jerzy Sztykgold, **Negacja normy,** 1936, pp. 492 ss. (trad. cast.: **La negación de la norma,** 1995, pp. 171 ss.). En palabras de Sztykgold; «Las teorías normativas del derecho pretenden ser teorías de enunciados que expresan un deber, no una lógica formal. Estas teorías analizan métodos específicos: no van más allá de este análisis ni más allá de las definiciones del derecho. Hasta ahora, nadie ha estudiado la tesis de la aplicabilidad de la lógica formal a las normas, nadie ha determinado las condiciones de equivalencia de las normas. Se debe determinar qué tesis de la lógica formal, como ciencia cristalizada concerniente a expresiones lingüísticas, pueden aplicarse a los enunciados que expresan derechos subjetivos, deberes, insubsistencia de derechos subjetivos e insubsistencia de deberes... A las normas se aplican los criterios de la justeza (***slusznosc***) y la no-justeza. Estos dos criterios corresponden estrictamente a los criterios de la verdad y de la falsedad. Todas las tesis del cálculo de enunciados de la lógica proposicional son aplicables también a las normas». Llama la atención el hecho de que, para Sztylcgold, el «análogon» lógico de la verdad proposicional sea la **justeza** de las normas, y no la validez. A diferencia de «validez», que es un concepto ontològico (en Kelsen, por ejemplo, ***Geltung*** expresa la existencia específica de fas normas), «justeza» aparece en Sztykgold como un concepto semántico con un comportamiento lógico análogo al de la verdad.

Desde el punto de vista de la lógica de las relaciones deónticas, señala Sztykgold, derecho subjetivo y deber forman una pareja de modos de obrar de tal manera que una relación de derecho subjetivo concerniente a uno de los dos modos de obrar es equivalente a la «insubsistencia» de un deber concerniente al otro modo de obrar, y, viceversa, una relación de deber concerniente a uno de los modos de obrar es equivalente a la «insubsistencia» de un derecho subjetivo concerniente al otro modo de obrar. Así, la relación de deber «A tiene el deber de decir la verdad» es equivalente a la relación de derecho subjetivo «A no tiene el derecho subjetivo de mentir», y la relación de derecho subjetivo «A tiene el derecho subjetivo a votar» es equivalente a la relación de deber «A no tiene el deber de abstenerse». Esta regla no sólo vale para las relaciones deónticas, subraya Sztykgold, sino también para las relaciones de posibilidad y de necesidad de un determinado comportamiento. La necesidad de un comportamiento es análogamente equivalente a la insubsistencia de la posibilidad del comportamiento inverso, y, recíprocamente, la posibilidad de un comportamiento es equivalente a la insubsistencia de la necesidad del comportamiento inverso. Sztykgold cita dos reglas técnicas que considera equivalentes: la relación de necesidad «A *debe* andar más rápidamente si quiere ser puntual» es equivalente a la relación de posibilidad «A *no puede* andar más lentamente si quiere ser puntual». Aunque no es posible construir una adecuada «teoría pura del derecho» lógica, concluye Sztykgold, sí es entonces posible formular juicios lógicos relevantes para la teoría del derecho, tanto respecto a las reglas deónticas como respecto a las reglas técnicas[8].

Similar fue el sentido en que R. Hare distinguió dos usos lingüísticos del verbo inglés *ought*. En un contexto lingüístico «hipotético», *ought* representa un deber técnico: «you ought to wear a coat», «debes (hipotéticamente: en la hipótesis de que no quieras resfriarte) ponerte un abrigo»; en un contexto «categórico», *ought* representa un deber deóntico: «you ought to keep your promises», «debes (categóricamente) cumplir tus promesas». La lógica del *ought* deóntico y la lógica del *ought* técnico, recalca Hare, son en bastantes aspectos lógi-

[8] Jerzy Sztykgold, **Negacja normy,** 1936, pp. 493-494 (trad, cast.: **La negación de la norma,** 1995, pp. 173 ss.).

cas coincidentes, lo que queda patente si pensamos en ejemplos más extremos como «debes darle otra dosis de veneno» y «debes decir la verdad». Incluso en estos supuestos no se puede decir que el deber hipotético o técnico («debes, en la *hipótesis* de que quieras matar a tu víctima, darle otra dosis de veneno») sea semántica diferente del deber categórico o deóntico («debes, *categóricamente,* decir la verdad»). El significado de «debes» es el mismo en los dos casos, del mismo modo que el término «buen» no cambia su significado en los enunciados «es un buen hombre» y «es un buen envenenador». La diferencia entre los enunciados no reside para Hare en el verbo «deber» ni en el adjetivo «bueno», sino en los dos conjuntos de principios morales correspondientes, el de los hombres (el de todos los hombres en tanto que son hombres) y el de los **envenenadores** (el de los hombres que son envenenadores). Por consiguiente, la única diferencia relevante entre el imperativo categórico «debes decir la verdad» y el imperativo hipotético «debes darle otra dosis de veneno» consiste en que no podemos desligarnos del primero porque no podemos dejar de ser hombres (y de tener principios morales), mientras que sí podemos desligarnos del segundo **si** dejamos de ser envenenadores y de tener los principios morales de los envenenadores: «cuando ordeno a alguien que diga la verdad, mi orden presupone forzosamente la aceptación del principio moral según el cual se debe decir la verdad, mientras que está a mi alcance decidir si quiero ser o no envenenador»[9]. Lo único distintivo es que sólo en el imperativo categórico puedo sustituir «debes» por «es tu deber»; puedo decir que «es tu deber decir la verdad», pero no que «es tu deber darle otra dosis de veneno», y ello es así porque el sustantivo «deber» suele hacer sólo referencia a determinados tipos de deber como el deber jurídico, el deber moral, el deber religioso o el deber militar. Se trata por tanto de una distinción meramente pragmática, no de una distinción lógica que afecte a las

---

[9] Richard M. Hare, **The language of morals,** 1952, pp. 162 ss. En cualquier caso, conviene recordar que para Hare las normas, en tanto que expresan mandatos de acciones, deben forzosamente describir tales acciones. En las normas coexisten el factor estrictamente imperativo, que Hare denomina «neústico», y el factor indicativo, que Hare denomina «frástico» (op. cit., pp. 32 ss.) Un claro precedente de esta distinción se encuentra en Jorgen Jorgensen, **Imperatives and logic,** 1937; y **Imperativer og logik,** 1938 (trad, cast.: **Imperativos y lógica,** 1999).

características semánticas del sustantivo «bueno», del verbo «deber» o del sustantivo «deber».

También el propio von Wright, en **The Foundation of Norms and Normative Statements,** distingue «dos principales fuentes de la idea de «deber»»: en el caso del deber deóntico, la fuente es la voluntad de una autoridad normativa; en el caso del deber técnico, la fuente es la intención de lograr un fin, conectada con «las relaciones de causalidad necesarias entre estados de cosas». Pero ambos tipos de deber están relacionados porque los deberes deónticos también tienden normalmente a la consecución de fines, respecto a los cuales el cumplimiento de la norma constituye un medio: «puede así suceder que el deber (deóntico) que procede de un acto de voluntad normativo **se funde** en el deber de una regla técnica»[10].

En **Norms, truth and logic,** von Wright vuelve a diferenciar dos «deberes: cuando decimos que de la norma según la cual **debe** ser el caso que «si p, entonces q», en combinación con el hecho de que es el caso que p, inferimos que **debe** ser el caso que q, usamos «debe» en dos sentidos». En el primero se trata de un deber en sentido fuerte, de un deber deóntico (y lo más apropiado es usar el verbo **ought**); en el segundo de un deber en sentido débil, de un deber técnico (y es preferible el verbo **must**). **Must** no es propiamente un concepto normativo, ya que «expresa que un estado de cosas tiene que ser puesto para que otro estado de cosas se dé». Las reglas técnicas o «enunciados basados en deberes técnicos» suelen ser elípticas, ya que contienen referencias implícitas a lo que no será si lo que **debe** (en sentido técnico) ser no es. Aluden a un fin real o potencial de la acción humana, y no se han de confundir con las «normas condicionales en sentido deóntico», con los enunciados basados en un deber deóntico, con independencia de su eventual identidad sintáctica. Pero los conceptos de «deber deóntico» y «deber técnico» tienen para von Wright la misma estructura formal y la misma lógica. La «lógica de las normas puras» y la «lógica de las normas técnicas», ambas fragmentos de la lógica modal tradicional, son para von Wright estructuralmente idénticas[11].

---

[10] Georg H. von Wright, The Foundation of Norms and Normative Statements, 1965, pp. 358 ss.

[11] Georg H. von Wright, **Norms, truth and logic,** 1983, pp. 152-153. En el prefacio a la edición española de **Norms, truth and logic (Normas, verdad y lógi-**

Resulta destacable que Kelsen mantuviera por el contrario la tesis de la univocidad del concepto de deber, mezclada además con su rechazo de la lógica normativa. Una norma es la manifestación de una voluntad humana relativa al comportamiento de sus destinatarios, y su sentido sólo se puede describir «diciendo que alguien **debe** comportarse de una determinada forma». Donde hay una norma, dice Kelsen, algo **debe** ser o **debe** suceder. Las normas, como «sentidos específicos de actos de voluntad intencionalmente dirigidos al comportamiento de los demás», no pueden relacionarse lógicamente, no pueden formar silogismos normativos. La relación entre una norma general, como premisa mayor, y una norma individual, como hipotética conclusión lógica, no es directa, sino indirecta y mediata al requerir un nuevo acto de voluntad: «el acto de voluntad que da sentido a una norma general o condicional no implica lógicamente un acto de voluntad que dé sentido a una norma individual o incondicional», implicación muy diferente a la que relaciona en los silogismos teóricos el valor de verdad de una proposición descriptiva general con el valor de verdad de una proposición descriptiva individual[12].

---

ca, 1997), von Wright reconoce su error al pretender utilizar el esquema clásico de la lógica aeóntica para cualquier tipo de enunciado normativo. Una estructura consistente en una lógica de las normas basada en enunciados de acción, como la que él mismo diseñó en **Norm and Action,** no serviría entonces para captar correctamente la distinción entre enunciados del tipo «Sein-Sollen» («debe ser el caso que...») y enunciados del tipo «Tun-Sollen» («Juan debe...»), porque en el primer caso «no está claro quién tiene el deber». Más allá de la lógica deóntica, la lógica jurídica debe asumir ahora como uno de sus principales objetivos el análisis de las peculiaridades conceptuales de las normas que no ordenan, como las reglas deónticas o regulativas, sino que «definen las diversas prácticas e instituciones jurídicas, y estipulan las condiciones que tienen que satisfacer las acciones y los agentes para que las reglas regulativas les sean aplicables» **(Normas, verdad y lógica,** 1997, pp. 22-23).

12 Hans Kelsen, **Recht und Logik,** 1965, pp. 421 ss. (trad. cast.: **Derecho y lógica,** 1978, pp. 26 ss.). Kelsen también niega la vigencia del principio lógico de no contradicción entre las normas. A su juicio, cuando una norma prescribe un determinado comportamiento y otra norma prescribe su omisión, «sólo existe un conflicto normativo» que no impide la validez de ambas normas. Alguna de las dos normas podrá dejar de ser válida mediante una disposición derogatoria más o menos explícita o mediante la aplicación del principio *lex posterior derogat legem priorem,* pero en ninguno de los dos casos estaríamos ante soluciones lógicas, sino pragmáticas. No cabe para Kelsen una lógica específicamente jurídica, sino en todo caso la utilización de las herra-

Kelsen no sólo se opone a derivar un **deber ser** de un **ser,** sino también a derivar un **deber ser** de otro ***deber ser.*** A diferencia de la proposición descriptiva, la norma no es un ***ser,*** sino un **Sollen,** un ***deber ser,*** y el estado de cosas al que se refiere puede describirse así: «una persona quiere que otra ***deba*** comportarse de una determinada forma». El concepto de deber es para Kelsen un concepto simple, un concepto ni definible ni analizable: «Al concepto de deber se le puede aplicar lo que George Edward Moore, en **Principia Ethica,** dice del concepto de 'bien': que es un concepto tan simple como el concepto de 'amarillo'. Un concepto simple no es ni definible ni analizable»[13].

mientas de la lógica ordinaria para relacionar las proposiciones descriptivas de la ciencia jurídica. Kelsen resalta que la lógica rige en la ciencia jurídica, como también lo hace en la ciencia natural, pero no en sus respectivos objetos, la norma jurídica y la realidad natural, aunque la analogía se rompa porque la norma jurídica, a diferencia de la realidad natural, se plasma en proposiciones que expresan conceptos abstractos *y* representaciones concretas que pueden ordenarse lógicamente. Cfr. Hans Kelsen, **Derogation,** 1962, pp. 339 ss.; **Recht und Logik,** 1967, pp. 495 ss.; **Allgemeine Theorie der Normen,** 1979, pp. 76 ss.; Hans Kelsen y Ulrich Klug, **Rechtsnormen und logische analyse,** 1981 (trad. cast.: **Normas jurídicas y análisis lógico,** 1988, pp. 99 ss.). Vid. también Ota Weinberger, **The expressive conception of norms: an impasse for the logic of norms,** 1985, pp. 178 ss.; **Logic and the Pure Theory of Law,** 1986, pp. 194 ss.; Eugenio Bulygin, **Norms and logic,** 1985, pp. 159 ss.

13 Hans Kelsen, **Reine Rechtslehre,** 20 ed., 1960, p. 5 (trad. cast.: **Teoría pura del derecho,** 1983, p. 19).

CAPÍTULO II

IMPERATIVOS CATEGÓRICOS E IMPERATIVOS HIPOTÉTICOS

1. Necesidad *práctica* e imperativo *hipotético* en Immanuel Kant

La oposición entre «deber técnico» y «deber deóntico» está implícita en la distinción kantiana entre la **necesidad práctica** de los imperativos hipotéticos y la **necesidad absoluta** de los imperativos categóricos. Los imperativos hipotéticos representan la necesidad práctica de una acción posible como medio para alcanzar un determinado fin, bien sea real o potencial. Los imperativos categóricos representan una acción como (absolutamente, objetivamente, categóricamente) necesaria en sí misma, independientemente de su relación con algún fin. En palabras de Kant: «Los imperativos en general ordenan o hipotéticamente o categóricamente... Ya que toda ley práctica nos presenta una posible acción como buena, y por ello como necesaria para un sujeto cuya voluntad esté determinada por la razón, todos los imperativos son fórmulas de la determinación de una acción necesaria según el principio de una voluntad en algún aspecto buena. Ahora bien, si la acción se presenta como buena sólo como medio, el imperativo es hipotético, mientras que si queda representada como buena en sí misma el imperativo es categórico»[14].

---

[14] Immanuel Kant, **Grundlegung zur Methaphysik der Sitten,** 1785 (ed. 1994, p. 106; trad. castellana: **Fundamentación de la metafísica de las costumbres,** 1990, p. 83). Kant formula así el imperativo categórico: «Actúa sólo según aquella máxima que puedas querer al mismo tiempo que sea una ley universal». Un imperativo hipotético no se puede formular hasta que no se conozca la relación de condición en que se basa: «cuando considero, en general, un imperativo hipotético, no sé *a priori* que contendrá, debiendo esperar a que la condición me sea indicada. Sin embargo, sí se sabe *a priori* que contiene un imperativo categórico: contiene sólo la obligación de adecuarse a lo que el imperativo representa propiamente como necesario» (ed. 1994, p. 122; **Fundamentación de la metafísica de las costumbres, 1900, pp. 90-91). Debe recordarse que Kelsen, ante la idea del de**ber como valor absoluto, como imperativo categórico, exigía a la ciencia que lo definiera limitándose a responder: «Tú debes lo que debes». Esta tautología aplicaría el principio de identidad al comprobar simplemente «que el bien es el bien y no el mal, que lo justo es justo y no injusto, que A es A y no *no*-A».

1.1. Aristóteles: virtudes *artísticas* y virtudes *prudenciales*

Parece sin embargo injusto no mencionar que ya Aristóteles distinguió en un sentido similar lo hipotético de lo categórico, lo técnico de lo ético, aunque no en referencia a las normas, sino a las virtudes dianoéticas o intelectuales: las virtudes técnicas o «artísticas» y las virtudes éticas o «prudenciales». Oponiéndolo al conocimiento puramente teórico propio de las ciencias naturales, relativo a leyes de causalidad de cumplimiento necesario, Aristóteles habla de otro tipo de conocimiento, no teórico sino práctico, relativo a todo aquello que puede ser modificado por la acción humana. Dentro de él, diferencia «lo que es objeto de producción» de «lo que es objeto de acción». «Lo que es objeto de producción» hace referencia a la técnica, a lo que «versa sobre el llegar a ser, y sobre el idear y considerar cómo puede producirse o llegar a ser algo de lo que es susceptible tanto de ser como de no ser y cuyo principio está en el que lo produce y no en lo producido». La técnica «no tiene que ver ni con las cosas que son o se producen necesariamente, ni con las que son o se producen de una manera natural, porque

---

Kelsen resalta que la justicia sólo puede convertirse en un objeto del conocimiento racional transformándose involuntariamente en la idea de verdad, que se manifiesta negativamente a través del principio de identidad. Esta «transformación del problema» pretende encubrir el carácter irracional del ideal de la justicia absoluta. La definición tautológica del deber como valor absoluto muestra para Kelsen cómo el imperativo categórico carece de significación, del mismo modo que carecen asimismo de significación por tautológicos todos los intentos de definición de la noción de justicia: «haz el bien y evita el mal», «a cada cual lo suyo», «hay que mantenerse en el punto medio» (Hans Kelsen, **Reine Rechtslehre,** 1934; trad. cast.: **Teoría pura del derecho,** 1987, pp. 61 ss.) Tampoco debe olvidarse que ya Ihering había llegado a sugerir que la acción humana acorde con el imperativo categórico era un «imposible psicológico». Para Ihering, el imperativo categórico no puede ser el motor de la voluntad humana porque ésta no resulta de deducciones lógicas, no es una «potencia lógica», sino que como «ser real» es el resultado de las «presiones reales» que se manifiestan en los intereses humanos. «Obrar sin interés es un no ser, es un imposible psicológico, lo mismo que obrar sin un fin», afirma Ihering. La acción humana no es en sí misma el fin, sino el medio para conseguirlo; presupone un interés por un fin: «El deudor paga su deuda. ¿Por qué? Porque debe, será la primera respuesta que se dé. Pero tampoco aquí el *porque* es otra cosa que un *a fin de* disfrazado; el deudor paga para liberarse.... Ocurre con la observancia de los deberes morales lo mismo que con el respeto a las obligaciones jurídicas. Si yo hago una limosna, doy mi óbolo no *porque* el socorrido es pobre, sino *para* auxiliar, en lo que me corresponde, a un afligido; el *porque* es un *para* disimulado» (Rudolf von Ihering, **Der Zweck im Recht** (1877), 1923 (trad. cast.: **El fin en el derecho,** 1978, p. 15)).

estas cosas tienen su principio en sí mismas». «Lo que es objeto de acción» hace referencia a la ética, a la «prudencia», «al poder discurrir bien sobre lo que es bueno y conveniente para él mismo, no en un sentido parcial, por ejemplo, para la salud, para la fuerza, sino para vivir bien en general». La «prudencia» tampoco alude a lo que sucede necesaria y naturalmente, pero su significado rebasa lo puramente instrumental: «Nadie reflexiona o delibera sobre lo que no puede ser de otra manera, ni sobre lo que no puede hacer. De suerte que, si toda ciencia va acompañada de demostración, y no hay demostración de las cosas cuyos principios pueden ser de otra manera, y asimismo tampoco es posible deliberar sobre lo que es necesariamente, la prudencia no podrá ser ciencia ni arte o técnica.... Tiene que ser, por tanto, una disposición racional verdadera y práctica respecto de lo que es bueno y malo para el hombre. Porque el fin de la producción es distinto de ella, pero el de la acción no puede serlo: *la buena actuación misma es un fin*»[15].

1.2. Los imperativos hipotéticos y la gran división

Para Kant, como implícitamente para Aristóteles, las reglas técnicas son imperativos hipotéticos; es decir, paradójicamente son reglas a la vez *imperativas* e *hipotéticas*. En tanto que imperativa, una regla técnica ordena, expresa un *deber ser*, es prescriptiva, *deóntica* (en palabras de Kant, «todos los imperativos son expresión del verbo *deber*, y revelan con ello la relación de una ley objetiva de la razón con una voluntad que, según su constitución subjetiva, no viene necesariamente determinada o coaccionada por ella»). En tanto que hipotética, una regla técnica alude a una hipótesis y de ella hace depender que se esté obligado a realizar una determinada acción («el imperativo hipotético dice sólo que la acción es buena para alguna finalidad, posible o real»). Kant salva la aparente contradicción afirmando que

[15] Aristóteles, **Ética a Nicómaco,** 1140b. Así concluye Aristóteles: «Por eso pensamos que Pericles y los que son como él son prudentes porque pueden ver lo que es bueno para ellos y para los hombres, y pensamos que ésta es una cualidad propia de los administradores y de los políticos.... Porque el placer y el dolor no destruyen ni perturban toda clase de juicio, por ejemplo, el de si los ángulos del triángulo valen o no dos rectos, sino los prácticos, que se refieren a la actuación. En efecto, los principios de la acción son los fines por los cuales se obra; pero el hombre corrompido por el placer o el dolor pierde la percepción clara del principio, y ya no ve la necesidad de elegirlo todo y hacerlo todo con vistas a tal fin o por tal causa: el vicio destruye el principio».

en las reglas técnicas no se nos ordena «que el fin sea racional y bueno, sino sólo lo que se debe hacer para alcanzarlo»[16].

1.2.1. R. Hare: Los *neústicos* hipotéticos

R. Hare se ha basado en esta aparente paradoja para destacar que los imperativos hipotéticos constituyen la única excepción posible a la ley de Hume, ya que en ellos la «gran división» entre *ser* y *deber ser* desaparece. Un imperativo hipotético es un *deber ser;* es prescriptivo, deóntico, *imperativo.* Y deriva de un *ser,* de la ley física que presupone. El imperativo hipotético «Si quieres que hierva el agua, caliéntala a cien grados», que es prescriptivo, deriva de una proposición descriptiva: «El agua hierve a los cien grados». Como toda proposición deóntica, un imperativo hipotético contiene para Hare un elemento descriptivo o **frástico** y un elemento prescriptivo o **neústico,** que «suele estar escondido en la expresión «si quieres»». Es decir, se manifiesta **pragmáticamente** a través del verbo «querer» como un **imperativo** a pesar de su **sintaxis indicativa;** expresa **pragmáticamente un deber ser,** aunque no lo haga sintácticamente[17].

---

[16] Immanuel Kant, **Grundlegung zur Methaphysik der Sitten,** 1785 (ed. 1994, p. 108; **Fundamentación de la metafísica de las costumbres,** 1990, p. 84).

[17] Richard Hare, **The Language of Moráis,** 1952, pp. 33 ss. La perspectiva de Hare contrasta con la de Radbruch, quien precisamente atribuía a Kant, y no a Hume, la brecha entre *ser* y *deber ser,* entre realidad y valor. Radbruch defendió su dualismo metódico frente al positivismo, al historicismo y al evolucionismo basándose en lo que consideraba uno de los pilares de la filosofía kantiana, la imposibilidad de deducir, de «lo que *es,* lo que ha sido y lo que llegará a ser», «lo *valioso,* lo *justo,* lo *debido,* lo que *debe ser».* Así lo justificaba Radbruch: «El conocimiento de una determinada línea evolutiva no demuestra la justicia de la meta, la injusticia del que bracea contra corriente. Lo inevitable no es por sí mismo digno de fomento, lo imposible, no es por eso sólo injusto. Don Quijote fue un loco ciertamente, pero de una noble locura. 'Amo a quien se esfuerza por lo imposible'. Los preceptos del deber ser, los juicios de valor, las estimaciones no pueden fundamentarse inductivamente sobre posiciones de ser, sino deductivamente sobre preceptos de especie semejante. La consideración del valor y la consideración del ser se nos aparecen una junto a la otra como círculos independientes y cerrados. Esta es la esencia del *dualismo metódico»* (Gustav Radbruch, **Grundzüge der Rechtspnilosophie,** 1914 (trad. cast.: **Filosofía del derecho,** 1933, pp. 13 ss.)). También defensor de este «dualismo metódico», Rudolf Stammler diferenció entre los *imperativos categóricos* presentes en las leyes naturales, que siguen el principio de causalidad, y los *imperativos hipotéticos* presentes en las normas jurídicas, que siguen el principio de finalidad. Aunque con frecuencia formuladas como normas hipotéticas, las reglas técnicas no seguían para

Siguiendo a Hare, también Scarpelli ha sugerido un «esquema teleologico» consistente en la derivación de imperativos hipotéticos en base a una premisa fáctica y otra normativa. Scarpelli pone de relieve que las normas coinciden con las proposiciones en la referencia a hechos, aunque como comportamientos en el primer caso y como situaciones o eventos en el segundo, por lo que normas y proposiciones pueden ser semejantes en el campo de referencia (en el frástico de Hare) y diferentes en la función que desempeña el enunciado (en el neústico). Esta disociación de elementos posibilitaría extender a las normas las reglas lógicas, de tal forma que una norma pudiera ocupar el lugar de la premisa mayor, de la que por su relación con una proposición sobre la constatación del supuesto de hecho, derivaría una conclusión normativa. Un imperativo hipotético que regulara un comportamiento «podría demostrarse» apoyándose en la relación «teleologica» entre el medio y el fin. En el ejemplo de Scarpelli, la norma «toma esta medicina» se podría inferir de «cúrate el resfriado» y «tomar esta medicina es el medio para curarse del resfriado»[18].

1.2.2. G. Kalinowski: la pragmática *anankástica*

Para Kalinowski, Kant no supo ver que la sintaxis de un enunciado normativo no determina su carácter pragmáticamente hipotético o categórico. Además de asimilar erróneamente «las reglas del obrar dictadas por la prudencia» a las «reglas del hacer», a las reglas (técnicas) «que determinan la acción creadora o productora», y que son siempre hipotéticas y teleológicas en tanto que «obligan sólo en la medida en que el hombre quiere el fin, para cuya realización señalan medios apropiados», Kant no puso de relieve que toda norma puede indistintamente tener una forma lingüística condicional o incondicional independientemente de su verdadero sentido. Una «norma técnica», señala Kalinowski, puede ser perfectamente expresada a través de una estructura lingüística

---

Stammler el principio de finalidad, sino el principio de causalidad porque «sólo nos procuran conocimientos sobre procesos naturales y sus causas.... Los objetos sobre los que las reglas técnicas recaen están determinados por sí mismos, sin encerrar una facultad de opción. La *tecnología* sólo nos puede hablar de *efectos* y del modo cómo se siguen de sus correspondientes causas. En cambio, todo *fin* para cuya consecución se elijan los oportunos *medios*, es a su vez *medio* para otros fines» (Rudolf Stammler, **Lehrbuch der Rechtsphilo sophie,** 1922 (trad. cast.: **Tratado de filosofía del derecho,** 1930, pp. 73 ss.)).

18 Uberto Scarpelli, **Contributo a una semantica del linguaggio normativo,** 1985, pp. 104-111.

incondicional: podemos decir con una *sintaxis condicional* que «si alguien quiere dilatar un metal, debe aumentar convenientemente la temperatura», pero también con una *sintaxis incondicional* que «quien quiera dilatar un metal debe aumentar convenientemente la temperatura», sin que se altere el significado de la regla técnica. Recíprocamente, una «norma moral» puede expresarse a través de una estructura lingüística condicional, bien sea por su generalidad, bien sea para destacar sus condiciones de aplicación, bien sea para precisar su fundamento: a) en el primer caso, podemos decir con una *sintaxis incondicional* que «todo contribuyente debe hacer en tiempo oportuno su declaración de impuestos», y, con el mismo significado, por su generalidad, podemos decir con una *sintaxis condicional* que «si alguien es contribuyente, entonces debe hacer en tiempo oportuno su declaración de impuestos»; b) en el segundo caso, podemos decir con una *sintaxis incondicional* que «la escritura de venta de un bien inmueble debe ser redactada ante un notario», y, con el mismo significado, para destacar sus condiciones de aplicación, podemos decir con una *sintaxis condicional* que «si el objeto de la venta es un bien inmueble, entonces la escritura de venta debe ser redactada ante un notario»; c) en el tercer caso, podemos decir con una *sintaxis incondicional* que «Juan debe decir la verdad», y, con el mismo significado, haciendo explícita la razón de su fuerza obligatoria, podemos decir con una *sintaxis condicional* que «si Juan es libre y consciente, entonces debe decir la verdad»[19].

En todo caso, Kalinowski no cuestionó la *imperatividad o deonticidad* de las «normas técnicas», de los imperativos hipotéticos, que entrañan para él *obligaciones normativas,* aunque de diferente naturaleza que las obligaciones propias de las «normas morales», de los imperativos categóricos. Kalinowski defiende la llamativa tesis de la *apofanticidad* normativa (las normas son verdaderas o falsas; en particular, son verdaderas si derivan del derecho natural[20]), y no la trata de aplicar sólo a los imperativos

[19] Georges Kalinowski, Introduction à la logique juridique, 1965, pp. 83-84. Cfr. Le problème de la vérité en morale et en droit, 1967, p. 175; Querelle de la science normative (Une contribution à la théorie de la science), 1969, pp. 39 ss.

[20] Kalinowski se basa en la definición tarskiana de proposición verdadera («la proposición **«p»** es verdadera si, y solamente si, **p»**), que aplica a las normas: «la norma 'n' es verdadera si, y solamente si, **n»**. Por ejemplo, la norma «el hombre debe amar al prójimo» es verdadera si, y sólo si, el hombre debe amar al prójimo. Del mismo modo que un enunciado descriptivo es verdadero si se corresponde con su objeto, un enunciado prescriptivo también lo es por correspondencia con su objeto o «status deóntico». Kalinowski admite que la apofanticidad de las normas presupone aceptar que las normas positivas derivan del dere-

categóricos, de los que se desprenden «obligaciones morales», sino también a los imperativos hipotéticos. La «proposición anankástica» en la que se basa una regla técnica, en tanto que constata la relación entre un hecho o un estado de cosas «dependiente de una acción consciente y libre», y otro hecho o estado de cosas «susceptible de ser deseado por el eventual autor de la acción», crea una relación normativa *deóntica* que conecta al agente que desea el segundo hecho o estado de cosas con la acción que produce el primero. Esta relación es una relación de *necesidad deóntica* específica, una relación que no consiste en una obligación moral, recalca Kalinowski, pero que sí es obligatoria en tanto que establece como necesario realizar la acción en cuestión[21].

1.2.3. J. Jorgensen: los imperativos hipotéticos como *imperativos descriptivos*

Un autor en el que claramente se inspiró Hare al diferenciar dentro de la norma dos elementos distintos, uno puramente imperativo y otro indicativo, fue Jorgen Jorgensen, quien mantuvo sin embargo una tesis distinta a la posterior de Hare, Scarpelli y Kalinowski sobre la naturaleza propiamente deóntica de los imperativos hipotéticos kantianos. Ajuicio de Jorgensen, el adjetivo «categórico» es pleonástico en la expresión «imperativo categórico», ya que todos los enunciados imperativos son categóricos en virtud de su propia forma imperativa. Los denominados «imperativos hipotéticos» no son enunciados propiamente imperativos, sino enunciados indicativos que constan de prótasis y apódosis y describen simplemente cómo debe ser un comportamiento para que se consiga una determinada finalidad: «Si quieres obtener esto, debes actuar así».[22] En tanto que indicativos, los «imperativos hi-

cho natural, «que a su vez se deduce de la ley eterna divina, de la que se desprende la verdad de determinados enunciados analíticamente evidentes» (Georges Kalinowski, **Le problème de la vérité en morale et en droit,** 1967, pp. 243 ss.; **Sur la vérité des normes,** 1968, pp. 593 ss.). Kalinowski no parece advertir que la proposición «La norma «El hombre debe amar al prójimo» es verdadera si y solamente si, el hombre debe amar al prójimo» no contiene el precepto evangélico, sino su descripción metalingüística; tal precepto no se está ***usando,*** sino sólo **mencionando,** por lo que pierde su fuerza prescriptiva.

21 Georges Kalinowski, **Possibilité et structure de la logique déontique,** 1965, pp. 320 ss.

22 Jorgen Jorgensen, **Imperativer og logik,** 1938 (**Imperativos** y **lógica,** 1998, p. 6). En un sentido similar, Kelsen criticó a Kant que ignorara la diferencia

potéticos» son apofánticos: son verdaderos o falsos según se consiga o no la finalidad deseada si el comportamiento se ajusta a lo que dice la apódosis. La confusión deriva para Jorgensen del uso del verbo «deber» en los imperativos hipotéticos, que no se emplea para prescribir, sino «para describir que está presente una prescripción»[23].

2. Imperativos morales, imperativos pragmáticos e imperativos artísticos

Dentro de los imperativos hipotéticos, Kant diferencia los imperativos «pragmáticos» de las reglas puramente técnicas. Los primeros representan «la necesidad práctica de una acción como medio para promover la felicidad»; no son necesarios para una finalidad incierta, simplemente posible, sino para «una finalidad que se puede presuponer con certeza y *a priori* en todo hombre porque pertenece a su esencia». Por su parte, el imperativo que se refiere «a la elección de medios para la felicidad propia es siempre meramente hipotético, ya que la acción no es ordenada absolutamente, sino sólo como medio para una

entre la necesidad causal o *Miissen,* propia de una relación causa-efecto como la que existe entre medios y fines, y la necesidad normativa o «Sollen». Detrás de su apariencia «lingüísticamente prescriptiva», los imperativos hipotéticos son para Kelsen «lógicamente descriptivos» (Hans Kelsen, **Állgemeine Theorie der Normen,** 1979, pp. 11-12 y 62 ss.).

23 Jorgen Jorgensen, **Imperativer og logik, 1938 (Imperativos y lógica, 1998,** pp. 7 ss.). Jorgensen se basa en que el modo imperativo del verbo «deber» no existe porque «no se puede ordenar a nadie que deba». Un enunciado aparentemente imperativo como «debes cerrar la puerta» es realmente indicativo, y significa para Jorgensen «Se te hace la exigencia de cerrar la puerta» o «Estás en la situación de deber cerrar la puerta». El deber no podría ser entonces posible objeto de una orden, sino de la descripción de una orden. En particular, Jorgensen trata de construir una «lógica de las descripciones de mandatos» que se apoya en la idea de que en toda norma, junto al elemento imperativo representado por los términos que expresan la obligación o la prohibición, coexiste un factor indicativo que describe la acción obligatoria o prohibida, que es apofántico, y que se puede aislar del factor estrictamente imperativo y combinar con los factores indicativos de otras normas para formar inferencias lógicas. Jorgensen acaba por reformular la lógica de las descripciones de mandatos como «lógica de la satisfacción», como lógica de las aserciones sobre la satisfacción o cumplimiento de las normas. Aparentemente opuesto a la postura de Jorgensen contraria a que «el deber se pueda ordenar» es el ejemplo citado por Wittgenstein de «enunciado gramatical», de enunciado que expresa la «gramática» de un término: «La orden ordena su propio cumplimiento».

finalidad diferente»[24]. Para Bobbio, un imperativo pragmático kantiano sería: «si quieres ser feliz, debes evitar todo exceso»; el fin es real porque depende de una necesidad natural como la de ser feliz «que se puede decir que todos los hombres tienen efectivamente». Un imperativo técnico kantiano sería: «si quieres aprender latín, debes hacer muchos ejercicios prácticos»; el fin es sólo posible porque «es indiferente alcanzarlo o no alcanzarlo, y en ambos casos lícito»[25].

Mediante esta subdivisión, Kant acaba por distinguir en realidad tres tipos de imperativos diferentes: los imperativos categóricos o *morales,* relativos «al comportamiento libre en general, a las costumbres», los imperativos (hipotéticos) pragmáticos, «relativos al bienestar», y los imperativos (hipotéticos) técnicos, «relativos al arte». Los imperativos categóricos son «mandatos o leyes de la moralidad», los únicos que conllevan una «necesidad incondicional, objetiva, y por tanto universalmente válida». Los imperativos pragmáticos son «consejos de la prudencia», que contienen «una necesidad condicionada de forma subjetivamente accidental al sentido de la felicidad de cada persona». Los imperativos técnicos son simples «reglas de habilidad»: «la cuestión del modo en que sea posible un imperativo de la habilidad no exige en realidad particulares explicaciones: quien quiere el fin quiere también (en la medida en que la razón tenga una influencia decisiva sobre sus acciones) el medio necesario para alcanzarlo cuando esté dentro de sus posibilidades»[26].

Las reglas técnicas son para Kant analíticas «porque al querer un objeto como efecto de mi acción, mi causalidad es pensada ya como causa agente, y es pensado entonces el uso del medio». Como posteriormente harán Brunetti y von Wright, Kant también distingue las reglas técnicas *analíticas* de las proposiciones científicas *sintéticas* (los «principios generadores» de Brunetti, las «proposiciones anankásticas» de von Wright) que son presupuestas por las reglas técnicas: «Sólo mediante proposiciones sintéticas me enseña la matemática que para dividir en dos partes iguales una línea recta debo trazar dos arcos hacia el centro desde sus extremos; pero es una pro-

---

24 Immanuel Kant, **Gmndlegung zur Methaphysik der Sitten**, 1785 (ed. 1994, pp. 108 ss.; **Fundamentación de la metafísica de las costumbres**, 1990, pp. 84 ss.).

25 Norberto Bobbio, **Diritto e stato nel pensiero di Imanuele Kant**, 1957, pp. 107-108.

26 Immanuel Kant, **Grundlegung zur Methaphysik der Sitten**, 1785 (ed. 1994, p. 112; **Fundamentación de la metafísica de las costumbres**, 1990, p. 86).

posición analítica aquélla por la cual, si sé que sólo mediante tales acciones puede producirse el efecto deseado, entonces debo necesariamente querer realizarlas»[27].

En el caso de Brunetti, es evidente la influencia kantiana en sus conceptos de «deber absoluto» y «deber final». A diferencia del deber absoluto, que es incondicional, categórico, el deber final se subordina a un fin que depende de la voluntad del agente. Brunetti también habla, como Kant, de «necesidad normativa absoluta», y la contrapone a la «necesidad normativa final» o «necesidad normativa

[27] Immanuel Kant, **Grundlegung zur Methaphysik der Sitten,** 1785 (ed. 1994, p. 114; **Fundamentación de la metafísica de las costumbres,** 1990, p. 87) Por su parte, el imperativo categórico es para Kant una proposición sintética a priori: «El imperativo categórico es una regla práctica que no se puede demostrar mediante la simple descomposición de los conceptos que aparecen en él, tratándose de una proposición sintética. Este juicio sintético, que ordena apodícticamente, debe conocerse por completo *a priori*.... (ed. 1994, p. 172). La cuestión de cómo sea posible (e incluso necesaria) una proposición práctica sintética a priori es un problema cuya solución no se encuentra dentro de los confines de la metafísica de las costumbres; nosotros no hemos afirmado aquí su verdad, y todavía menos la hemos demostrado. Solamente hemos mostrado, desarrollando el concepto de moralidad tal como se entiende comúnmente, que le es inevitablemente inherente una autonomía del querer, la cual está en su fundamento. Entonces, quien considere la moralidad como algo más que una idea meramente quimérica sin verdad, debe reconocer su principio como aquí se ha indicado.

Que la moralidad no sea una representación fantástica es una conclusión a la que se puede llegar si el imperativo categórico, y con él la autonomía de la voluntad, es verdadero como principio *a priori* absolutamente necesario, y exige un *posible uso sintético de la razón pura práctica,* que no nos atrevemos a proponer sin una **crítica** previa de dicha facultad racional.... (ed. 1994, p. 182). Este deber *categórico* representa una proposición sintética *a priori,* en tanto que, más allá de mi voluntad influida por anhelos sensibles, se tiene todavía la idea de mi propia voluntad como voluntad práctica pura, perteneciente al mundo inteligible.... Es una situación similar a aquélla en la que se encuentran los conceptos del intelecto, que se añaden a las intuiciones del mundo sensible: en sí mismos, no significan más que una forma de la legalidad, y, con ello, hacen posibles juicios sintéticos *a priori,* sobre los cuales se funda todo conocimiento de la naturaleza» (ed. 1994, p. 204). Para Hare, lo que mejor define los imperativos hipotéticos kantianos es justamente su carácter analítico en contraste con el carácter sintético del imperativo categórico. El elemento imperativo es analítico en los imperativos hipotéticos, afirma Hare, porque «las dos partes del imperativo («quien quiere el fin» y «quiere el medio») se destruyen mutuamente; el imperativo hipotético es un imperativo, pero, en tanto que imperativo, no tiene contenido: su contenido es el de la premisa menor indicativa de la que deriva» (Richard Hare, **The Language of Moráis,** 1952, p. 37).

teleológica», dependiente de un determinado fin: «si salimos del campo del derecho, encontramos principios prácticos, reglas del obrar, que no tienen propiamente carácter imperativo, que no expresan una necesidad absoluta, sino sólo una necesidad final o teleológica. Son las 'reglas finales' o 'principios prácticos finales'. Por ejemplo: 'Si quieres llegar a tiempo, debes andar velozmente'. Andar velozmente no es necesario en sí mismo, sino que es necesario en tanto que se quiera alcanzar el fin de llegar a tiempo. El 'Debes andar velozmente', o lo que es lo mismo, 'Es necesario que andes velozmente', representa una necesidad y un deber que no son absolutos, sino finales, en tanto que subordinados a un fin que depende de la voluntad del agente». Si Kant hablaba de «imperativos hipotéticos», de reglas que paradójicamente eran a la vez imperativas e hipotéticas, Brunetti llega a hablar de «deberes libres», de deberes que, relativos a las «reglas finales», «podemos llamarlos 'deberes libres', puesto que las reglas finales no son imperativas, no son mandatos, sino que expresan simplemente una necesidad final»[28].

En su combate contra «la falacia de la falacia naturalista», John Searle ha distinguido también dos tipos de deberes, los «deberes categóricos» y los «deberes hipotéticos». Searle ha basado su «antidivisionismo» en la partición de la realidad en dos áreas, la de los hechos institucionales y la de los hechos brutos. A diferencia de los hechos brutos, los hechos institucionales presuponen la existencia de determinadas instituciones, compuestas por un conjunto de reglas «constitutivas», por un conjunto de reglas que crean o definen nuevas formas de conducta, que *constituyen* una actividad cuya existencia es dependiente, desde un punto de vista lógico, de las reglas.

En el caso de la institución de la promesa, del *hecho bruto* de que una persona pronuncie determinadas palabras en un determinado contexto, Searle deduce el *hecho institucional* del nacimiento de una obligación, de un deber. Este deber, recalca Searle, no es hipotético sino categórico. El enunciado «Jones debe pagar cinco dólares a Smith», que deriva de las palabras de Jones «Con las presentes palabras, te prometo a ti, Smith, pagarte cinco dólares», no significa que Jones

---

[28] Giovanni Brunetti, **Norme e regole finali nel diritto**, 1913, pp. 61 ss.

debe pagarle a Smith cinco dólares si quiere conseguir algo, sino que significa que debe *categóricamente* pagarle, al margen de sus intenciones finales[29].

[29] John R. Searle, **How to derive «ought» from «is»,** 1964, pp. 48 ss.; **Speech Acts. An Essay in the** Philosophy of Language, **1969, pp. 33 ss. y 50 ss.** Para Searle, los *hechos institucionales* «sólo son posibles en el contexto de una institución», presuponen la existencia de determinadas instituciones humanas. A través de sus ejemplos Searle establece claramente la denotación o extensión del sintagma «hecho institucional», pero sólo da algunas pistas en lo relativo a su connotación, a su intención, ya que se limita a definirlos como los hechos «que son posibles en base a conjuntos ordenados de reglas constitutivas que siguen el esquema 'X tiene valor de Y en el contexto C' o 'X cuenta como Y en el contexto C'». La existencia de un hecho institucional tiene como condición, *presupone,* la existencia de sistemas de reglas constitutivas: «hablar un lenguaje es realizar actos conforme a reglas constitutivas que nos introducen en la hipótesis de que el hecho de que un hombre realice un determinado acto lingüístico, como por ejemplo prometer, es un hecho institucional». Por otra parte, es de destacar que Searle no diferencie los hechos institucionales de los «objetos institucionales» como los billetes, las banderas, los trajes militares...: «Sólo por la institución del matrimonio determinadas formas de conducta constituyen el matrimonio de Mr. Smith y Miss Jones. Y, a un nivel más simple, sólo por la institución del dinero yo sé que tengo un billete de cinco dólares en mi mano. Si no fuera por la institución todo lo que tendría sería un pedazo de papel con manchas grises y verdes» **(Speech Acts. An Essay in the Philosophy of Language,** p. 51). Cfr. **The Construction of Social Reality,** 1995, pp. 26 ss., donde Searle modifica su concepto de «regla constitutiva», pasando a definirlas como «reglas que asignan funciones de *status*». La forma de asignación de esta función de *status* se vuelve a representar mediante la fórmula «X cuenta como Y en el contexto C», fórmula que nos proporciona para Searle «un potente instrumento» para entender cómo se crea el nuevo hecho institucional, ya que «la forma de la intencionalidad colectiva» consiste en imponer el *status* y la función a la que se refiere Y sobre el fenómeno designado por X. Es decir, la función no puede quedar completamente determinada mediante las características físicas del elemento X, sino que exige nuestro acuerdo convencional para que el objeto que designa X *cuente* con el *status* y la función que especifica Y (ibid, p. 46). Por otra parte, Searle sostiene ahora explícitamente la prioridad lógica de los hechos brutos sobre los hechos institucionales, y, dentro de los hechos institucionales, la existencia de diferentes grados de institucionalidad que determinan asimismo una jerarquía lógica entre ellos (ibid, pp. 34-35).

CAPÍTULO III

LA FALACIA DEÓNTICA Y LA FALACIA ANANKÁSTICA

1. La guillotina de Hume y el deber ser anankástico

La tesis de la *gran división* defiende la separación, la inexistencia de relaciones, entre *ser* y *deber ser,* entre *is y ought.* La *gran división* ha sido defendida por el *prescriptivismo* o *divisionismo,* que se ha opuesto a la *falacia naturalista* consistente en derivar valores de hechos, en inferir conclusiones prescriptivas, *deónticas,* a partir de premisas descriptivas, *adeónticas.*

Los defensores del divisionismo suelen remontarse a Hume, quien en su **Tratado de la naturaleza humana** ya criticó que «en todo sistema moral, junto a las habituales cópulas *es* y *no es,* se encuentren proposiciones conectadas con un *debe* o un *no debe*». Así continuaba Hume: «Dado que este *debe, o no debe,* expresa una nueva relación o una nueva afirmación, es necesario que se observe y explique; y que al mismo tiempo se dé una razón para lo que parece completamente inconcebible, a saber, que esta nueva relación pueda constituir una deducción de otras relaciones totalmente diferentes de ella. Pero como los autores no hacen uso por lo común de esta precaución, me atreveré a recomendarla a los lectores: estoy seguro de que una pequeña reflexión al respecto subvertiría todos los sistemas corrientes de moralidad, haciéndonos ver que la distinción entre vicio y virtud no está basada meramente en relaciones de objetos ni es percibida por la razón»[30].

---

[30] David Hume, **A treatise of human nature,** III, I, I, 469-470 (trad. cast.: **Tratado de la naturaleza humana,** 1988, Libro III, Parte I, Sección I, pp. 633-634). Como orientación metabibliográfica sobre la *guillotina de Hume,* vid. Bruno Celano, **Dialettica de la giustificazione pratica. Saggio sulla legge di Hume,** 1994, pp. 732-765.

La *guillotina de Hume* «produjo» la *gran división* entre *ser* y *deber ser.* Junto a esta *gran división,* se podría hablar análogamente de una *pequeña división* que separa, dentro del *deber ser,* el *deber ser deóntico* del *deber ser técnico o anankástico.* Y, asimismo, se podría hablar de dos tipos de *gran división* que no tienen por qué ser similares: la *gran división* que separa el *ser* del *deber ser deóntico,* y la *gran división* que separa el *ser* del *deber ser anankástico.* La aceptación o el rechazo de la falacia naturalista *anankástica* no implica ni presupone la aceptación o el rechazo de la falacia naturalista *deóntica.*

2. *Inferencias* anankásticas

2.1. Los silogismos prácticos aristotélicos

Las *inferencias prácticas* interesaban ya a Aristóteles, quien en su **Ética a Nicómaco** analizó la siguiente derivación lógica:

«Todo lo dulce debe degustarse»

«Esto es dulce»

«Quien pueda degustará esto»

La inferencia establece que cuando se da la «opinión universal» de que todo lo dulce es agradable, y hay algo dulce, se tratará de degustar: En palabras de Aristóteles: «Los razonamientos de orden práctico tienen un principio, por ejemplo, 'puesto que el fin es éste», o «puesto que lo mejor es esto», sea cual fuere, y este fin no aparece claro sino al bueno, porque la maldad nos pervierte y hace que nos engañemos en cuanto a los principios de la acción. De modo que evidentemente es imposible ser prudente no siendo bueno[31]... Desde el punto de vista de las leyes de la naturaleza, la causa podría considerarse de esta manera: una opinión es universal, la otra se refiere a lo particular, que cae ya bajo el dominio de la percepción sensible; cuando de las dos resulta una sola, el alma necesariamente afirma por un lado la conclusión, y por otro actúa inmediatamente en el orden práctico; necesariamente el que pueda y no encuentre obstáculo para ello, degustará lo dulce[32].

---

[31] Aristóteles, **Ética a Nicómaco,** 1144a.

[32] Aristóteles, **Ética a Nicómaco,** 1147a. En los **Primeros analíticos,** Aristóteles señala que los silogismos «consisten en decir que, dadas determinadas cosas, alguna otra se seguirá necesariamente de ellas » **(Primeros analíticos,**

Aristóteles también subraya que no deliberamos sobre los fines, sino sobre los medios que conducen a los fines: «en efecto, ni el médico delibera sobre si curará, ni el orador sobre si persuadirá, ni el político sobre si legislará bien, ni ninguno de los demás sobre su fin; sino que dando por sentado el fin, consideran el modo y los medios de alcanzarlo, y cuando aparentemente son varios los que conducen a él, consideran por cuál se alcanzaría más fácilmente y mejor, y si no hay más que uno para lograrlo, cómo se logrará mediante ése, y éste a su vez mediante cuál otro, hasta llegar a la causa primera, que es la última que se encuentra». El hombre es para Aristóteles «el principio de las acciones», y su *deliberación* tiene por objeto todo lo que, en la práctica, puede potencialmente hacer: «pues no puede ser objeto de deliberación el fin, sino los medios conducentes a los fines»[33]. Si un

---

24b; cfr. **Refutaciones sofísticas,** cap. XIII-XX). Hare ha resaltado que esta definición vale para Aristóteles no sólo respecto a las proposiciones indicativas, sino también respecto a las proposiciones imperativas (Richard M. Hare, **The language of moráis,** 1952, pp. 26 y 99 ss.), y la ha relacionado con la analogía entre los términos «bueno» y «fin» al recordar que fue Aristóteles quien primero introdujo «fin» en la filosofía como término técnico al definirlo como *algo bueno que se consigue a través de la acción:* «Volvamos de nuevo al bien que buscamos para preguntarnos qué es. Porque parece que es distinto en cada actividad y en cada arte; en efecto, es uno en la medicina, otro en la estrategia, y así en las demás. Pero ¿qué es el bien de cada una? ¿No es aquello en vista de lo cual se hacenlas demás cosas? En la medicina es la salud; en la estrategia, la victoria; en la arquitectura, la casa; en otros casos otras cosas, y en toda acción y decisión es el fin, pues todos hacen las demás cosas en vista de él. De modo que si hay algún fin de todos los actos, éste será el bien realizable» **(Etica a Nicómaco,** 1097a). «La prudencia tiene por objeto lo humano y aquello sobre lo que se puede deliberar; en efecto, afirmamos que la operación del prudente consiste sobre todo en deliberar bien, y nadie delibera sobre lo que no puede ser de otra manera, ni sobre lo que no tiene un fin, y éste consistente en un bien práctico» **(Ética a Nicómaco,** 1141b).

33 Aristóteles, **Etica a Nicómaco,** 1112b. José Hierro ha encontrado seis ejemplos distintos de inferencias prácticas repartidos entre las obras de Aristóteles: 1°) «si todos los hombres deben andar, y soy un nombre, entonces ando»; 2°) «si ningún hombre debe andar, y soy un hombre, entonces no ando»; 3°) «si debo hacer un bien y una casa es un bien, hago una casa»; 4°) «si necesito un manto y debo hacer lo que necesito, entonces hago un manto»; 5°) «si todo lo dulce debe degustarse, y esto es dulce, entonces quien pueda degustará esto»; 6°) «si quiero conseguir un determinado fin, y el medio para ello es hacer una determinada cosa que es posible, entonces hago tal cosa». En los tres primeros ejemplos, las premisas mayores son enunciados prescriptivos universales, las premisas menores son enunciados descriptivos particulares y las

hombre quiere conseguir un determinado fin, y si un determinado medio es la única forma de conseguirlo, la conclusión es para Aristóteles la de que el hombre no conseguirá tal fin a menos que emplee tal medio.

2.2. Las inferencias prácticas

En el ejemplo citado del «deber de degustar lo dulce», Aristóteles parece estar razonando en términos de subsunción de un acto individual que entra dentro de una regla general de acción a través de la mediación de una premisa descriptiva particular. Basándose en él, von Wright ha construido el siguiente modelo de «inferencia práctica»:

«Se quiere obtener *x*»

«*A* menos que se haga *y*, *x* no se obtendrá»

«Por consiguiente, debe (*must*) hacerse *y*»

Por ejemplo:

«Se quiere hacer habitable la cabaña»

«A menos que la cabaña se caliente, no será habitable»

«Por consiguiente, debe *(must)* calentarse la cabaña»

La premisa mayor es para von Wright un enunciado descriptivo sobre un fin «relativo a una acción», sobre algo que se desea («a *want-statement*») y se puede conseguir a través de nuestras acciones; en el ejemplo, que la cabaña sea habitable. La premisa menor descansa sobre una relación causal referente a las condiciones de vida de los hombres, una relación entre la temperatura y la habitabilidad de una cabaña. Se asume que la temperatura de la cabaña no va a

conclusiones expresan en primera persona acciones realizadas en conformidad con las premisas mayores. La única diferencia del cuarto ejemplo respecto a los anteriores consiste en que se invierten las premisas. El quinto y el sexto ejemplo sí tienen diferencias relevantes: en el quinto, destaca Hierro, la conclusión se sigue de las premisas *necesariamente,* sean cuales sean los valores de las variables; y el sexto representa el subtipo de razonamientos prácticos en los que la premisa mayor expresa los fines de la conducta aceptados por el hablante, la premisa menor expresa que determinada acción es el medio para conseguir tales fines, y la conclusión es la acción que menciona la premisa menor (fosé Hierro, **Problemas de análisis del lenguaje moral,** 1970, pp. 167-171).

subir por sí misma, sino que será necesario que el hombre interfiera «en el curso de la naturaleza», que caliente la cabaña, por lo que la acción mencionada en la premisa menor se puede considerar como un medio para conseguir el fin mencionado en la premisa mayor. La conclusión o *inferencia práctica* expresa la «necesidad práctica» de usar los medios a los que alude la premisa menor, de realizar las acciones a las que alude como medios para conseguir el objetivo de hacer la cabaña habitable. En la conclusión, von Wright usa deliberadamente el verbo *must,* y no el verbo *ought* («Therefore the hut *must* be heated»), para evitar posibles contradicciones pragmáticas entre el deber y la realización de la acción: «Tiene sentido decir «I *ought* to do this, but I am not going to do it» (se podría traducir al castellano utilizando el potencial: «*Debería* hacer esto, pero no lo voy a hacer»), pero resulta contradictorio decir «I *must* do this, but I am not going to do it» («*Debo* hacer esto, pero no lo voy a hacer»)»[34].

Es decir, la *proposición anankástica o regla hipotético-constitutiva* se formula en la premisa menor, que es descriptiva («A menos que la cabaña se caliente, no será habitable»), y la *regla técnica* que presupone la proposición anankástica se formula en la conclusión prescriptiva («Por consiguiente, debe calentarse la cabaña») con el respaldo implícito de la premisa mayor, que también es descriptiva («Se quiere hacer habitable la cabaña»). La regla técnica correspondiente resulta ser entonces una mezcla de descripción y prescripción («Se quiere hacer habitable la cabaña, por lo que debe calentarse»); en ella se condensa la falacia naturalista *anankástica* consistente en derivar un *deber ser anankástico* a partir de un *ser,* en derivar un *must* (no un *ought*) de un *is.*

2.2.1. La formulación de la inferencia en primera persona y en tercera persona

El uso en la premisa mayor y en la conclusión del impersonal «se» («*se* quiere hacer habitable la cabaña», «por consiguiente, debe calentarse la cabaña»; en inglés: «*one* wants to make the hut habitable», «therefore the hut *must be heated*») no debe hacer olvidar que los

[34] Georg H. von Wright, **Practical Inference,** 1963, pp. 159 ss.

actos son necesariamente realizados por agentes, y que los *fines* son fines que alguien tiene. Von Wright propone dos reconstrucciones alternativas de la inferencia, en tercera persona y en primera persona. En tercera persona:

«*A* quiere hacer habitable la cabaña»

«A menos que *A* caliente la cabaña, no será habitable»

«Por consiguiente, *A* debe *(must)* calentar la cabaña»

En primera persona:

«Quiero hacer habitable la cabaña»

«A menos que caliente la cabaña, no será habitable»

«Por consiguiente, debo *(must)* calentar la cabaña»

Es más, también podría darse el caso de que no coincidieran los sujetos de cada una de las premisas de la inferencia:

«*A* quiere hacer (quiere que se dé el caso de que sea) habitable la cabaña»

«A menos que *B* caliente la cabaña, no será habitable»

«Por consiguiente, *B* debe calentar la cabaña»

Esta última inferencia es claramente errónea, al hacer depender la obligación de *B* del deseo de *A*, pero dejaría de serlo si la conclusión se expresara de forma que al agente que desea alcanzar el fin sea a quien incumbe también la *necesidad práctica:*

«Por consiguiente, *A* debe hacer que *B* caliente la cabaña»[35].

Si volvemos a la inferencia en tercera persona, la conclusión («A debe calentar la cabaña») no es para von Wright ni una «norma» ni una «proposición normativa», sino una regla técnica. El deber que expresa no es un deber puramente deóntico, sino un deber técnico; en este sentido, que algo debe ser o que algo debe hacerse significa que «a menos que una cosa se haga, alguna otra cosa será el caso... Por ejemplo, si he hecho una promesa, debo cumplirla *en orden a* satisfacer la obligación constituida por la norma que me prohíbe incumplirla... La formulación lingüística de la relación medio-fin puede

---

35 Georg H. von Wright, **Practical Inference,** 1963, pp. 161-162.

ser denominada también *norma técnica,* en estrecha relación con lo que Kant llamaba «imperativos hipotéticos»»[36].

La situación no es a juicio de von Wright exactamente idéntica cuando la inferencia se formula en primera persona. *A* puede ignorar la relación causal entre aquello que pretende y los medios necesarios para conseguirlo. La validez de la inferencia sólo es independiente de que *A* sepa o no que calentar la casa es condición necesaria de su habitabilidad, y por tanto de la necesidad práctica de que se comporte de una determinada forma, si interpretamos *must* en la frase «*A* debe *(must)* calentar la cabaña» en el sentido de que «sólo calentando la cabaña alcanzará *A* el fin que pretende». La inferencia debería formularse realmente así:

«*A* quiere hacer habitable la cabaña»

«*A* menos que *A* caliente la cabaña, no será habitable»

«Por consiguiente, hay algo que *A* quiere conseguir y no conseguirá a menos que caliente la cabaña»

Es decir, si *A* quiere conseguir la habitabilidad de la cabaña, y no lo conseguirá a menos que la caliente, entonces podemos concluir ló-

---

[36] Georg H. von Wright, Is **and Ought,** 1985, pp. 273-274; **On So-called Practical Inference,** 1972, pp. 39 ss. Al analizar el concepto de «necesidad práctica» de von Wright, González Lagier distingue sin embargo entre «deber técnico» y «regla técnica». El deber técnico, que «pertenece al mundo del ser» y es independiente de su eventual manifestación lingüística, está presente en un agente cuando es necesario que realice una determinada acción **y** como medio para conseguir su objetivo **x.** El deber surge así efe la combinación de un deseo (**x**) con una relación de medio (y) a fin **(x)** que obliga al agente a hacer y si quiere ser coherente con su propia voluntad. A diferencia del **deber** técnico, la **regla** técnica exige para González Lagier una plasmación lingüística concreta, que además se expresa en términos prescriptivos (Daniel González Lagier, **Acción y norma en G. H. von Wright,** 1996, p. 277). Ya en **Norm and Action,** el propio von Wright había subrayado que aunque puede darse «objetivamente» el supuesto de que un agente deba realizar una determinada acción para alcanzar un determinado fin sin que trascienda lingüísticamente la relación de condición necesaria o «vínculo anankástico», la regla técnica sí exige su formulación lingüística previa: «del carácter de independencia del lenguaje de la proposición anankástica no se puede concluir la naturaleza independiente del lenguaje de la regla técnica». No obstante, el deber técnico no es para von Wright privativo de la proposición anankástica, sino que también **acompaña** a la regla técnica (Georg H. von Wright, **Norm and Action,** 1963, pp. 81 ss.).

gicamente que *debe calentarla*, pero no que *la calentará*. La inferencia práctica sólo nos «empuja» a realizar la acción en cuestión si se expresa en primera persona. Von Wright sugiere que sólo en este caso se trata propiamente de una inferencia práctica o *subjetiva*. En tercera persona es más bien una inferencia teórica u *objetiva*, ya que enuncia una necesidad práctica objetiva[37].

2.2.2. Medios y fines: la *eubolia* como virtud intelectual

En cualquiera de los dos casos citados, von Wright prefiere comenzar la premisa mayor de su inferencia con «a menos que» en vez de utilizar el condicional «si». La distinción es para Anscombe relevante porque si se empleara el condicional se explicitaría la relación de necesidad entre el deseo de hacer habitable la cabaña y la acción de calentarla, mientras que con la fórmula «a menos que» el deber de calentar la cabaña está objetivamente en función del deseo de hacerla habitable, pero no presupone la *necesidad lógica* de que tal deseo no se frustre. A juicio de Anscombe, la mención de «un fin de acción» no equivale exactamente a la enunciación del deseo de alcanzar un determinado fin. La inferencia

«El agua pura es saludable»

«Este agua es pura»

«Bebo esta agua»

menciona lo *saludable*, que se presupone querido por el hablante al deducir la acción de beber el agua pura en tanto que saludable. Pero la referencia a algo positivo como lo *saludable* no hace de la premisa mayor una regla, sino una proposición descriptiva sobre lo que podemos asumir como regla. Como resalta Anscombe, la premisa mayor de la inferencia aristotélica «todo lo dulce debe degustarse» sólo es un *principio* en el sentido de que es un punto de partida, no en el sentido de que reglamenta comportamientos. Si comienzo la premisa mayor con el verbo «querer» o «desear» los resultados pueden diferir:

«Quiero matar a mis padres»

«Si consulto a un psiquiatra, resolveré mi problema»

---

[37] Georg H. von Wright, **Practical Inference**, 1963, pp. 165-167.

«Consultaré a un psiquiatra»

En este supuesto, el «motor de inicio» de la inferencia no es mi deseo primario, sino mi deseo de acabar con mi deseo primario. Pero la inferencia sería igual de *práctica* si con la misma premisa mayor enunciáramos como premisa menor que «si consulto a un asesino a sueldo, resolveré mi problema», y como conclusión que «consultaré a un asesino a sueldo»; es decir, si el «motor de inicio» fuera el deber primario y a partir de él dedujéramos la correspondiente conclusión *ideológicamente* coherente[38].

Por consiguiente, un razonamiento práctico no es siempre un razonamiento dirigido a la consecución de la verdad de la conclusión. Puede *obligar anankásticamente* a realizar una acción si es el único medio (si es condición necesaria) para la obtención del fin deseado, pero puede también limitarse a mostrar que un determinado medio es condición suficiente (pero no necesaria) de obtención de un determinado fin, el cual, explícito o implícito en la premisa mayor, depende en todo caso de las verdaderas intenciones del agente, y por tanto es independiente de la estructura sintáctica de la premisa y de cualquier tipo de reglas morales. En este último supuesto, parece que sólo en sentido amplio se puede hablar de «inferencia práctica», puesto que ni la conclusión se *infiere* necesariamente de las premisas, ni la conclusión es estrictamente *práctica,* prescriptiva, sino más bien teórica o descriptiva.

Si sustituyéramos el verbo «querer» por «procurar», la premisa mayor de von Wright afirmaría que «*A* procura hacer habitable la cabaña», con lo que reduciríamos el ámbito de nuestros fines a la vez que los haríamos más ambiguos, pero evitaríamos el inconveniente de la posible inconsistencia de la voluntad del agente. Según el grado de confusión de nuestro estado mental, podemos llegar a querer y no querer la misma cosa, pero parece más difícil concebir que a la vez procuremos y no procuremos realizar la misma acción. Anscombe introduce el concepto de «fin genérico» como contrapuesto al de «fin particular» para ilustrar la distinción aparente entre «querer» y «procurar». Parece poder afirmarse que *queremos* genéricamente que las cabañas sean habitables, y *procuramos* particularmente que nuestra

---

[38] Elisabeth M. Anscombe, **Von Wright on Practical Inference,** 1989, pp. 381 ss.

cabaña sea habitable, pero también es cierto que los fines genéricos se tienden a objetivar convirtiéndose en reglas antropológicas generales del tipo de «los humanos procuramos hacer habitables los lugares en los que vivimos», con lo que el deseo (expresado a través del verbo «querer») vuelve a transformarse en la descripción de un comportamiento objetivo (expresado a través del verbo «procurar»), y la sustitución resulta ineficaz[39].

Como recuerda Anscombe, las premisas mayores aristotélicas eran ya «genéricas» o «universales» y *contextualizaban* fines alcanzables. El «principio» o punto de partida de Aristóteles no se refería a las presuposiciones implícitas tras la formulación de cada proposición, sino al elemento que inicia la relación causal: «puesto que la virtud moral es una disposición relativa a la elección, y la elección es un deseo deliberado, el razonamiento tiene que ser verdadero y el deseo recto para que la elección sea buena, y tiene que ser lo mismo lo que la razón diga y lo que el deseo persiga. Esta clase de entendimiento y de verdad es *práctica*. Del entendimiento teorético y no práctico ni creador, el bien y el mal son, respectivamente, la verdad y la falsedad (pues en esto consiste la operación de todo lo intelectual), mientras que el bien de la parte intelectual pero práctica es la verdad que está de acuerdo con el deseo recto. El *principio* de la acción -aquello de donde parte el movimiento, no el fin que persigue- es la elección, y el de la elección el deseo y la elección orientada a un fin. Por eso ni sin entendimiento y reflexión, ni sin disposición moral hay elección. La reflexión de por sí no pone nada en movimiento, sino la reflexión orientada a un fin y práctica; ésta, en efecto, gobierna incluso al entendimiento creador, porque todo el que hace una cosa, la hace con vistas a algo, y la cosa hecha no es fin absolutamente hablando (si bien es un fin relativo y de algo), sino la acción misma, porque es el hacer bien las cosas lo que es fin, y eso es el objeto del deseo. Por eso la elección es o inteligencia deseosa o deseo inteligente, y esta clase de principio es el hombre»[40]. Anscombe subraya que la *euboulia* o «buen consejo» es para Aristóteles una virtud intelectual que no consiste en la condición subjetiva de ser «buen consejero» ni de ser «buen aconsejado», sino en que las accio-

---

[39] Elisabeth M. Anscombe, **Von Wright on Practical Inference,** 1989, p. 399.
[40] Aristóteles, **Ética a Nicómaco,** 1139a.

nes están objetivamente «bien aconsejadas». No posee *euboulia* quien da un consejo sobre cómo matar, ni quien utiliza bien tal consejo, sino quien realiza acciones bien aconsejadas[41].

Anscombe aclara que su crítica a la noción de von Wright de *inferencia práctica* no se basa sin embargo en argumentos morales. Ciertamente, tan correcta podría parecer una inferencia práctica que partiera de la premisa mayor «quiero matar a mis padres» y llegara a la conclusión «contrataré a un asesino a sueldo», como una inferencia teórica que partiendo de la premisa mayor «todos los hombres tienen tres piernas» llegara a la conclusión «Juan tiene tres piernas». En el primer caso, una inferencia práctica *correcta* me conduce a la realización de una *mala* acción; en el segundo caso, una inferencia teórica *correcta* me conduce al conocimiento de una *falsa* conclusión. Existe para Anscombe un pleno paralelismo entre la bondad o maldad de las inferencias prácticas y la verdad o falsedad de las inferencias teóricas: la bondad del fin cumple en las primeras la misma función que la verdad de las premisas en las segundas, pero ni la maldad del fin ni la falsedad de las premisas implica la incorrección de las inferencias[42].

Desde luego, es evidente que la función primaria de la lógica consiste desde Aristóteles en la formulación del valor de verdad de expresiones moleculares a partir del valor de verdad de las expresiones atómicas constituyentes. La producción de conclusiones verdaderas se sistematiza y ajusta a determinados métodos, para lo cual son necesarios los principios lógicos que regulan los cálculos inferenciales, a través de los cuales deducimos que una proposición es verdadera a partir de otra que presuponemos verdadera. Sobre la base de la distinción entre las proposiciones en sentido *gramatical* y las proposiciones en sentido *lógico,* se ha asumido tradicionalmente que desde el punto de vista gramatical las proposiciones engloban todas las expresiones con estructura sintáctica proposicional: descripciones, preguntas, deseos, interjecciones, órdenes, consejos, imperativos, etc., mientras que desde el punto de vista lógico sólo son proposiciones las expresiones *apofánticas,* las expresiones de las que se puede predicar su

---

41 Elisabeth M. Anscombe, **Von Wright on Practical Inference,** 1989, pp. 400-401.

42 Elisabeth M. Anscombe, **Von Wright on Practical Inference,** 1989, p. 402. Cfr. Elisabeth M. Anscombe, **Intention,** 1957, pp. 63 ss.; **On Practical Reasoning,** 1978, pp. 35 ss.

verdad o falsedad. Sólo admitiendo que una proposición gramatical puede potencialmente convertirse en proposición lógica podemos intentar construir inferencias lógicas no basadas en el valor *verdad,* y entonces tendrían sentido las inferencias prácticas, las inferencias *de acción,* que no requieren la *apofanticidad* de sus premisas, pero que deben seguir reglas y principios lógicos análogos a los que nos sirven para construir inferencias teóricas[43].

2.2.3. Medios y fines: la *akrasia* como autoconsistencia de la voluntad

La idea de que la conclusión de un razonamiento práctico en primera persona es siempre una acción tiene también su origen en los ejemplos de Aristóteles. Si el agente no realiza la acción por motivos ajenos a su voluntad, no por ello posee una voluntad inconsistente, pero, como ha puesto de manifiesto Hierro S.-Pescador, si la conclusión se formula «Por consiguiente, *debo* calentar la cabaña a menos que por motivos externos no *pueda* hacerlo», pierde fuerza prescriptiva. Teniendo en cuenta que tampoco es correcto incorporar una nueva premisa descriptiva a la inferencia (del tipo de «Ningún motivo externo me impide calentar la cabaña»), ya que no podríamos asegurar *a priori* que fuera verdadera, una inferencia práctica es sólo completa a juicio de Hierro cuando el agente *decide* lo que va a hacer al margen de que posteriormente lo *pueda* o no hacer (incluso podría formularse «Calentaré la cabaña»), por lo que no tendría sentido la distinción de von Wright entre inferencias prácticas en *primera persona* e inferencias prácticas en tercera persona[44]. Cuando von Wright afirma que en tercera persona la inferencia expresa simplemente que el sujeto sólo hará habitable la cabaña si la calienta, no sólo despoja de fuerza prescriptiva a la conclusión de la inferencia, sino también al *principio de la voluntad* kantiano en el que se basa, el enunciado «Se *debe* hacer lo que sea necesario para conseguir lo que uno quiere», en el que «debe» se ha de interpretar descriptivamente, no prescriptivamente. Este «debe»

---

43 Vid. Georges Kalinowski, **La logique des normes,** 1972 (trad, cast.: **Logica del discurso normativo,** 1975, pp. 24-25); Ota Weinberger, **The expressive conception of norms: an impasse for the logic of norms,** 1985, pp. 178-179.

44 José Hierro, **Problemas de análisis del lenguaje moral,** 1970, p. 147. Vid. en sentido ***similar*** Norman Malcolm, **Intention and Behavior,** 1989, pp. 356-359.

expresa así descriptivamente una relación de necesidad medio-fin, por lo que entonces el principio kantiano se podría reformular como «Uno no conseguirá lo que quiere a menos que haga lo que sea necesario para conseguirlo», que es claramente analítico[45].

Este enunciado analítico queda para von Wright a expensas de la autoconsistencia de la voluntad. De acuerdo con él, quien quiere conseguir un determinado fin está obligado a querer usar los medios necesarios para lograrlo; es decir, si se quiere conseguir algo y se es consciente de la necesidad de realizar determinadas acciones para lograrlo, entonces también se quieren realizar tales acciones, y no por sí mismas, sino en tanto que constituyen medios para alcanzar el objetivo final. Este principio no es siempre válido, afirma von Wright, porque «la voluntad puede ser inconsistente»[46]. La «transferencia»

---

[45] José Hierro, **Problemas de análisis del lenguaje moral,** 1970, pp. 147-152. Como señala Hierro, resulta indicativa la variedad terminológica para expresar la conclusión de una inferencia práctica. Los verbos ingleses más empleados han sido *ought, must, should* (por ejemplo, Max Black en **The Gap between Is and Should,** 1964), *has to* (como hace el propio von Wright en **The Variety of Goodness,** 1963) e incluso *will.*

[46] Un argumento similar respecto a la posibilidad de construir inferencias normativas o imperativas es utilizado por Alf Ross en el contexto de su «interpretación psicológica de la validez de las normas». En **Imperatives and Logic** (1941), destaca que no es lógicamente necesario inferir conclusiones como «debo mantener mi promesa de acudir a la cita de esta noche» de la premisa mayor general «debo mantener todas mis promesas», ya que «no es extraño que un sujeto formule una regla general, pero evite su aplicación cuando le afecte concretamente». La corrección de la inferencia dependería de «hechos psicológicos», por lo que a juicio de Ross no estaríamos ante una inferencia lógica, sino *pseudológica,* por lo que sólo podría aceptarse presuponiendo ficticiamente la coherencia práctica del sistema normativo (ibid, pp. 56 ss.). No obstante, en **Directives and Normes** (1968) Ross indica que el carácter racional y consistente de la voluntad no sólo debe presumirse, sino que es el punto de partida para la construcción de inferencias no teóricas, y modifica diametralmente su posición anterior al afirmar que la compatibilidad entre la premisa mayor y la conclusión de una inferencia práctica no es «una cuestión psicológica», sino puramente lógica, ya que es conforme a la lógica que «debo mantener todas mis promesas» implica «debo mantener mi promesa de acudir a la cita de esta noche». Esta implicación no depende ahora para él de factores psicológicos relacionados con la voluntad, sino del modo de funcionamiento en el lenguaje normativo de términos como «todas» y «no», que excluye la negación de la implicación (trad. cast.: **Lógica de las normas,** 1971, pp. 166 ss.).

de la voluntad desde el *fin* hasta los *medios* necesarios está amenazada por «el impulso natural de la *akrasia* o debilidad de la voluntad», que puede llegar a «colapsar» la inferencia práctica[47].

2.3. El antidivisionismo anankástico

El combate de John Searle contra «la falacia de la falacia naturalista» ha sido reinterpretado por von Wright como una defensa de la derivación de conclusiones *anankásticas* basadas en premisas descriptivas, como una excepción a la *división* entre *ser* y *deber ser anankástico.* La conclusión que infiere Searle («Jones debe pagar a Smith cinco dólares») a partir de una premisa descriptiva («Jones ha pronunciado las palabras: «Con las presentes palabras, te prometo a ti, Smith, pagarte cinco dólares»») no expresa para von Wright una norma, un deber deóntico, sino una regla técnica[48].

2.3.1. La promesa como acto performativo

Searle sostiene la equivalencia entre la premisa descriptiva citada y el acto de prometer. Pronunciar las palabras «Te prometo realizar el acto X» equivale a prometer, a realizar el acto lingüístico performativo de prometer, siempre que las palabras se enmarquen dentro de un determinado contexto; es decir, si se cumple el conjunto de condiciones necesarias y suficientes para que la emisión de las palabras constituya la realización efectiva del acto de prometer: a) debe

---

[47] Georg H. von Wright, **Practical Inference,** 1963, pp. 169 ss.; **On So-Called Practical Inference,** 1972, pp. 49-51. La *akrasia* o «incontinencia» era para Aristóteles, junto al vicio y la brutalidad, una de las tres clases de conductas morales que se debían evitar (vid. **Ética a Nicómaco,** 1145a). Contra la opinión de Sócrates de que la ***akrasia*** no es posible porque «existiendo el conocimiento, sería absurdo que alguna otra cosa dominara al hombre y lo arrastrara de acá para allá como a un esclavo», Aristóteles argumentaba que «quien actúa con ***akrasia,*** antes de ser dominado por la pasión, no cree que debe actuar así, (...) pero tras ser dominado por el placer no tiene ya conocimiento sino sólo opinión» (ibid, 1145b). Algo después añade: «Puesto que hay dos clases de premisas, nada impide que uno obre contra su conocimiento teniéndolas las dos, pero sirviéndose sólo de la universal, y no de la particular, porque lo que se refiere a la acción es lo particular» (ibid, 1147a). «La ***akrasia*** es o apresuramiento o debilidad; unos en efecto reflexionan, pero, llevados por la pasión, no se atienen después a sus resoluciones, y otros, por no reflexionar, son arrastrados por la pasión» (ibid, 1150b).

[48] John R. Searle, **How to derive «ought» from «is»,** 1964, pp. 45 ss.; Georg H. von Wright, **Is and Ought,** 1985, pp. 273 ss.

existir una apropiada comunicación lingüística; b) el orador (S) debe expresar la proposición p enunciando la frase T; c) al expresar p, S debe aludir a un futuro acto suyo (A); d) el oyente (H) debe preferir que S realice A a que no lo realice, y S debe conocer esta preferencia; e) no puede ser obvio ni para S ni para H que S realizará A en el curso normal de los acontecimientos; f) S debe pretender sinceramente que el hecho de enunciar T le haga responsable de tratar de realizar A; g) S debe procurar que la enunciación de T le sitúe ante la obligación de realizar A; h) S debe procurar producir en H el conocimiento de g); i) conforme a las reglas semánticas de la lengua hablada por S y H, T debe estar correcta y sinceramente enunciada si y sólo si se producen las condiciones anteriores[49].

Estas nueve condiciones son similares a las condiciones de validez de los performativos, que Austin concentró en tres: «invocación correcta», «ejecución correcta» y «sinceridad» en el procedimiento de realización del acto performativo[50]. Searle extrae de ellas la regla esencial o **constitutiva** de la promesa: «enunciar una promesa cuenta como comprometerse a asumir la obligación de realizar el acto futuro correspondiente». De acuerdo con ella, desde la primera premisa («Jones ha pronunciado las palabras: «Con las presentes palabras, te prometo a ti, Smith, pagarte cinco dólares»») es posible llegar a la segunda: «Jones ha prometido pagar a Smith cinco dólares»[51].

---

49 John R. Searle, **Speech Acts,** 1969, pp. 54-62.

50 John L. Austin, **How to Do Things with Words,** 1962, pp. 12 ss. Austin habla en concreto de «infelicities» o causas de invalidez de los performativos: a) «errónea invocación» (*misinvocation*) del procedimiento, que provoca «reprobar el acto» (*act disallowed*); b) «errónea ejecución» *(misexecutiori)* del procedimiento, que provoca «viciar el acto» *(act vitiated);* c) «falta de sinceridad» (*insincerity*) o «deslealtad» *(abuse)* en el procedimiento, que provoca «vaciar de contenido el acto» *(act professed but hollow).*

51 John R. Searle, **Speech Acts,** 1969, pp. 57 ss. El paradigma conceptual de Searle *hechos brutos* vs. *hechos institucionales* también se inspira claramente en la oposición austiniana entre los enunciados *constatativos* y los enunciados *performativos,* los enunciados que producen determinadas modificaciones de la realidad externa dependientes del contexto institucional en el que se enuncian. Searle define por exclusión los *actos ilocucionarios* como aquellos en los que, además de pronunciarse determinadas palabras de una forma y en un orden proposicionalmente correcto, se ejecutan acciones que *valen* o *cuentan* dependiendo pragmáticamente del contexto institucional (ibid, pp. 23 ss.). En su reciente libro **The Construction of Social Reality,** Searle profun-

2.3.2. La inferencia anankástica de Searle

Prometer es, subraya Searle, asumir una obligación; aceptar, reconocer, admitir una obligación respecto a un destinatario, y en relación con un acto futuro que normalmente beneficia al destinatario. Por ello, la segunda premisa citada («Jones ha prometido pagar a Smith cinco dólares») puede también formularse como «Jones ha asumido la obligación de pagar a Smith cinco dólares». Y si se ha asumido una obligación, continúa Searle, entonces se está obligado. Podemos igualmente decir que «Jones tiene la obligación de pagar a Smith cinco dólares». Todavía nos movemos en el ámbito descriptivo, del is, aunque el contenido de la descripción haga referencia a la existencia de una obligación, de un ought. Pero, para Searle, desde esta última premisa descriptiva es posible dar el «salto abismal» hasta el deber ser, hasta la conclusión prescriptiva «Jones debe pagar a Smith cinco dólares»[52]. Partiendo de «asunciones empíricas, tautologías y descripciones de usos lingüísticos», se obtienen deberes, deberes que como puntualiza Searle no son deberes hipotéticos, sino categóricos. La demostración de Searle pretende explicar la conexión entre la emisión de determinadas palabras y el acto lingüístico de la promesa, entre la promesa y la asunción

diza en el análisis de la performatividad de los actos que producen hechos institucionales. En el esquema típico de las reglas constitutivas «X cuenta como Y», la regla permite, cuando X es un acto lingüístico, que X pueda *ejecutarse* como enunciación performativa que crea el estado de cosas que describe Y. Puesto que expresarse de una determinada forma en un determinado contexto *cuenta como* un hecho institucional hacer un testamento, contraer matrimonio, pagar un servicio contratado...), puede afirmarse que el hecho institucional es producido por el acto lingüístico correspondiente. Las reglas constitutivas establecen que las asignaciones de *status* puedan realizarse a través de actos lingüísticos, que al materializarse *constituyen* hechos institucionales (evidentemente, existen numerosos casos en los que es imposible producir hechos institucionales a través de actos lingüísticos: en el ejemplo de Searle, decir que he marcado un gol no equivale a marcarlo, sino que para marcarlo hace falta realizar la acción física correspondiente; igualmente, decir que he donado un bien no equivale a donarlo, decir que he cometido un delito no equivale a cometerlo, decir que he pagado un impuesto no equivale a pagarlo, etc.). Vid. John R. Searle, **The Construction of Social Reality,** 1995, pp. 54-55 (cfr. John R. Searle, **Intentionality. An Essay in the Philosophy of Mind,** 1983, pp. 166 ss.; **How Performatives Work,** 1989, pp. 535 ss.).

52 John R. Searle, **How to derive «ought» from «is»**, 1964, pp. 49-52.

de una obligación, y entre la asunción de una obligación y el nacimiento de un deber, de un deber incondicional, categórico[53].

Con su inferencia, Searle trata de superar los argumentos que desde Hume ha venido repitiendo el divisionismo sobre la institución de la promesa, que consisten básicamente en los dos siguientes: **i)** el acto de prometer se caracteriza por su convencionalidad, por su socialidad y por su simbolicidad; **ii)** las promesas no implican obligaciones[54]. Como ha indicado Prior, la tesis de Hume se podría resumir afirmando que la promesa de realizar una acción es «algo más que un enunciado sobre la

---

[53] John R. Searle, **How to derive «ought» from «is»,** 1964, pp. 45 ss. Resulta relevante el hecho de que John Rawls, antes que Searle, discutiera la cuestión del fundamento del deber de cumplir las promesas, en particular criticando la tradicional tesis utilitarista según la cual «hay que cumplirlas porque de esta forma se obtienen las mejores consecuencias» **(Two Concept of Rules,** 1955, pp. 12 ss.). Posteriormente, en **A Theory of Justice,** Rawls reconocerá la influencia de Searle para conectar el tema con la noción de «regla constitutiva», y definirá la promesa como «una acción definida por un sistema público de reglas que son, como en todas las instituciones, un conjunto de convenciones constitutivas, las cuales, al igual que las reglas de los juegos, especifican determinadas actividades y definen determinadas acciones». En el caso de la promesa, la regla básica sería para Rawls la siguiente: «Si alguien dice las palabras «prometo hacer x» en las circunstancias apropiadas, tiene que nacer X a menos que concurran determinadas condiciones que le excusen». Esta «regla de la promesa», recalca Rawls, no es en sí misma un principio moral sino una convención constitutiva **(A Theory of Justice,** 1971, pp. 344-345).

[54] En palabras de Hume: «Una promesa no es ni naturalmente inteligible ni anterior a las convenciones humanas. Un hombre que no conozca la vida en sociedad no puede concertar jamás compromisos con otra persona. Téngase en cuenta que el acto mental expresado por una promesa no consiste en la resolución de realizar una cosa; tampoco es un deseo de realizar tal cosa, pues podemos contraer una obligación sin que medie ningún deseo y hasta existiendo una aversión manifiesta y declarada; tampoco consiste en la volición de la acción que prometemos realizar, pues una promesa se refiere siempre a un tiempo futuro y la voluntad tiene influencia únicamente sobre acciones presentes. Por tanto, si el acto mental interviniente en una promesa y engendrador de su carácter obligatorio no es ni la resolución, ni el deseo, ni la volición de realizar algo determinado, tendrá que consistir, necesariamente, en la volición de la obligatoriedad misma.... Hay un absurdo manifiesto en suponer este acto de la mente porque la voluntad no crea jamás nuevos sentimientos, así que en ningún caso podría surgir naturalmente obligatoriedad de una promesa... Como no existe inclinación natural alguna hacia el cumplimiento de las promesas que sea distinta del sentimiento de su obligatoriedad, se sigue que la fidelidad no es una virtud natural y que las promesas no tienen fuerza con anterioridad a las convenciones humanas» (David Hume, **A treatise of human nature,** III, II, V, 516-520; trad. cast.: **Tratado de la naturaleza humana,** 1988, pp. 692 ss.).

intención del promitente de realizar la acción», pero eso no significa que sea «un enunciado sobre algo más que la intención del promitente de realizar la acción»[55]. Utilizando términos lingüísticos contemporáneos se podría añadir que para Hume la promesa no es un acto *bruto* o meramente físico, no consiste simplemente en la emisión de una serie de sonidos, sino que es un acto *institucional* que nos suele situar ante una determinada obligación, puesto que el uso de *determinadas* palabras en un *determinado* contexto nos coloca ante la disyuntiva de, o bien actuar en concordancia con aquello a lo que nos hemos comprometido, o bien perder la confianza de los demás. El hecho de *prometer* provoca, en un contexto social y convencional específico, *obligarse* a cumplir lo prometido, pero eso no significa para Hume (y, desde Hume, para el divisionismo en general) que la promesa presuponga ni implique lógicamente la obligación correspondiente.

A mi juicio, Adolf Reinach fue más certero que el propio Searle en su crítica a «las dos tesis *nominalistas* de Hume» sobre la promesa: la tesis de la *convencionalidad semántica* (la tesis según la cual las promesas sólo tienen sentido cuando se lo atribuye alguna convención humana) y la tesis de la *no derivabilidad de obligaciones morales* (la tesis según la cual las promesas, aun con sentido, no implican obligaciones morales). Es más, Reinach elogió la seguridad con la que Hume se dirigió a la cuestión fundamental del análisis de la experiencia interior latente en la promesa, del «acto del espíritu que acompaña a la promesa», pero le criticó que despreciara las *actividades del espíritu* de acuerdo con las cuales las palabras no expresan «una comunicación accidental y suplementaria», sino que poseen una fuerza intrínseca que se manifiesta en el propio acto lingüístico. Como subrayó Reinach, el punto de vista de Hume puede ser eficaz para estudiar la influencia de los intereses egoístas en la tendencia al cumplimiento de las promesas, para *explicar* la transición *utilitarista* desde lo individual hasta lo social, pero no sirve para captar la *experiencia fenomenológica* correspondiente. La experiencia de *sentir-se-en obligación* mediante una promesa posee así una *específica fenomenología* que, más allá del sentimiento psicológico de deber, se apoya a juicio de Reinach en la *obligación* y la *pretensión* como *relaciones esenciales* «que como tales preceden a la promesa»[56].

---

55 Arthur N. Prior, **Logic and the basis of ethics,** 1949, pp. 49 ss.

56 Adolf Reinach, **Die apriorischen Grundlagen des buergerlichen Rechtes,** 1913 (trad, cast.: **Los fundamentos apriorísticos del derecho civil,** 1934, pp. 53 ss.). Vid. Paolo di Lucia, **L'interpretazione della promessa in Adolf Reinach,** 1995.

2.3.2.1. La crítica de von Wright a la inferencia anankástica de Searle

A juicio de von Wright, el planteamiento de Searle es incorrecto porque ignora que las normas condicionales no son enunciados disyuntivos con componentes descriptivos y prescriptivos (**p → Oq:** «si *p*, entonces debe ser el caso que *q*»), sino enunciados puramente prescriptivos (**O→ q):** «Debe ser el caso que, si **p, entonces q**»). Prescriben lo que debe, puede o no debe hacerse en la hipótesis de que un determinado estado de cosas sea el caso o una determinada acción se haya realizado, de tal forma que los deberes condicionales nos obligan globalmente a comportarnos de forma que «o bien no se dé el estado de cosas descrito por el antecedente, o bien sea verdad el consecuente». Considerando las normas condicionales como normas que establecen que «si **p,** entonces debe ser el caso que **q**» **(p → Oq),** Searle concluye equivocadamente que el cumplimiento de **p** *engendra* una obligación. Pero, para von Wright, la norma «Las promesas deben cumplirse», se considere o no perteneciente a una institución (no convencional, sino) *transcultural,* no nos ordena prometer ni tipifica lo que se puede prometer, sino que establece que, *si* prometemos hacer algo, *debemos* hacerlo, y por lo tanto no cabe interpretarla en el sentido de que si un individuo promete realizar una determinada acción se crea una nueva obligación. Desde antes que hiciera la promesa, el individuo en cuestión tenía la obligación de «o bien no prometer, o bien cumplir lo prometido». La *necesidad práctica* del promitente consiste en que, *en orden a cumplir* la norma que estipula que las promesas deben cumplirse, es necesario que realice la acción que se ha comprometido realizar. El «enunciado de necesidad práctica», subraya von Wright, no es una nueva norma sino un enunciado apofántico sobre lo que un agente tiene que hacer para cumplir sus obligaciones. A diferencia de las *normas primarias,* que *prescriben* lo que debe (*ought*) o no debe o puede *ser,* las proposiciones de necesidad práctica *describen* lo que los destinatarios de las normas deben *(must)* o no deben o pueden *hacer* para así cumplir sus obligaciones[57].

La conclusión de la inferencia de Searle se apoya realmente para von Wright en un enunciado factual («Jones hace una promesa») y

[57] Georg H. von Wright, **Ought to be-Ought to do,** 1997, pp. 431-433. Von Wright contrapone en este ensayo lo que ***debe ser*** con lo que ***se debe hacer:*** las reglas deónticas establecen lo que ***debe ser;*** las reglas técnicas establecen lo que ***se debe hacer*** para conseguir un determinado fin. Sin embargo, a juicio de Herbert

en una norma, en la norma según la cual debe ser el caso que, si alguien promete hacer algo, debe hacerlo; o lo que es lo mismo, en la norma según la cual no debe ser el caso que alguien haga una promesa y no la cumpla. Al apoyarse en una norma, Searle no demostraría entonces la derivación de un *ought* desde un *is*, sino desde un is en combinación con otro *ought*. Y el *ought* derivado sería en todo caso un *ought* técnico, un deber técnico, anankástico, en tanto que expresa una necesidad práctica, la necesidad de pagar a Smith si no queremos incumplir nuestro deber de cumplir las promesas que hacemos[58].

Schneider, las ***proposiciones de deber ser*** de von Wright sólo cumplen una función normativa en tanto que normalmente son «recursos teleológicos para poner lo-que-puede-ser-realmente-hecho-si en una perspectiva ***bélica;*** puesto que el ***ser*** es una realidad intemporal, hablar de lo que debe-ser o es disparatado o es descriptivo; es irrelevante para el mundo de las normas y de lo bueno» (Herbert W. Scnneider, **Teleological Prescriptions and Descriptions,** 1989, p. 214).

[58] Georg H. von Wright, **Is and Ought,** 1985, pp. 274 ss. Hay otra importante crítica de von Wright a Searle: su desconocimiento de la función que cumple el destinatario de la promesa, del que depende el carácter ***ilocucionario*** o ***perlocucionario*** del acto de prometer (vid. Georg H. von Wright, **On promises,** 1962, p. 84, quien retoma la distinción austiniana entre las consecuencias ***ilocucionarias*** que un acto lingüístico performativo tiene respecto a su ejecutor (sus «efectos reales», en palabras de Austin), y las consecuencias *perlocucionarias* que tiene «respecto a los sentimientos, pensamientos o acciones de la audiencia» (a las que Austin denomina también «efectos convencionales») (John L. Austin, **How to Do Things with Words,** 1962, pp. 101 ss.)). Recuérdese que, en su «teoría de los actos sociales», Adolf Reinach ya exigía también como condición de validez del acto de la promesa su percepción y aceptación (al menos implícita) por parte del destinatario (Adolf Reinach, **Die apriorischen Grundlagen des bürgerlichen Rechtes,** 1913 (trad. cast.: **Los fundamentos apriorísticos del derecho civil,** 1934, pp. 25 ss.); vid. también **Über Phenomenologie** (1914), 1951 (trad. cast.: **Introducción a la fenomenología,** 1986, pp. 52 ss.); **Kant's Interpretation of Hume's Problem,** 1976, pp. 161 ss.). En este sentido, Giuseppe Lorini ha distinguido dos diferentes funciones que cumple el acto de la promesa: la función *ilocucionaria* de crear un *estado de obligación* respecto al promitente, y la función *perlocucionaria* de crear un *estado de confianza* respecto al destinatario de la promesa. A diferencia del *estado de obligación,* el *estado de confianza* no es un *estado de cosas institucional* porque no presupone la institución de la promesa; en el léxico de Reinach, el *estado de confianza* no es un *objeto jurídico,* sino un *objeto psíquico* (Giuseppe Lorini, **La fiducia e la sfiducia nelle istituzioni,** 1999; **Dimensioni giuridiche dell'istituzionale,** 2000). Gardies ha sido precisamente critico con el concepto de *objeto jurídico* de Reinach por su «independencia de la naturaleza humana». La institución de la promesa no es por ejemplo para Gardies independiente de la naturaleza humana porque sólo es *pensable* en el contexto de la experiencia humana: «Reinach pretendía que la institución fuera indepen-

Distinto sería el caso de la regla técnica del juego del ajedrez estudiada por Max Black. Black trató de «desmontar» la *guillotina de Hume* mediante inferencias prácticas como la siguiente:

«Fischer quiere dar jaque mate en el próximo movimiento a Botwinnik»

«A menos que mueva la dama a b6, Fischer no podrá dar jaque mate en el próximo movimiento a Botwinnik»

«Fischer debe mover la dama a b6»

Black reconoce que la conclusión «Fischer debe mover la dama a b6» no es prescriptiva ni normativa, pero es «preformativa» y cumple

---

diente de la naturaleza humana y que sus disposiciones no sólo valieran para el mundo en el que vivimos, sino para cualquier forma de mundo simplemente pensable... Pero la promesa presupone el tiempo y responde a la desconfianza natural humana». En particular, a juicio de Gardies la promesa cumple la función de instaurar la *confianza* en su destinatario en relación con lo prometido por el promitente, por lo que es una «forma institucional de creación de la confianza». Sin embargo, paradójicamente, no es para Gardies la confianza sino la *desconfianza* el presupuesto de la institución de la promesa: la desconfianza humana, bien sea respecto a la sinceridad, o bien sea respecto a la constancia, fundamenta instituciones como la promesa o como el matrimonio, que son así la respuesta a la inconstancia de la voluntad y a la «capacidad de simulación de la condición humana». La institución de la promesa y la institución del matrimonio son desde la particular perspectiva iusnaturalista de Gardies «instituciones de derecho natural» porque están «antropológicamente contextualizadas», porque están condicionadas por la naturaleza humana en tanto que ésta es una «naturaleza *contra natura*» en la que reina la desconfianza, pero de ello no se desprende que tal naturaleza determine la forma de las instituciones, la cual depende de las coordenadas culturales espacio-temporales. Es así como la reformulación que hace Gardies de la teoría de la *naturaleza de las cosas* desemboca paradójicamente, como él mismo reconoce, en el relativismo cultural (Jean L. Gardies, **La philosophie du droit d'Adolf Reinach,** 1965, pp. 28-29; **Adolf Reinach and the Analytic Foundations of Social Acts,** 1987, pp. lli ss.; **L'erreur de Hume,** 1989, pp. 119-120). Cfr. Herbert Spiegelberg, **Rules and Order: Toward a Phenomenology of Order,** 1968, pp. 297 ss.; John F. Crosby, **Reinach's Discovery of Social Acts,** 1983, pp. 143 ss.; Armin Burkhardt, **II filosofo del diritto Adolf Reinach, lo sconosciuto scopritore degli atti linguistici,** 1986, pp. 45 ss.; Klaus Hofmann, **Reinach and Searle on Promising. A Comparison,** 1987, pp. 94 ss.; Stanley L. Paulson, **Demystifying Reinach's Legai Theory,** 1987, pp. 145 ss.; Giuliana Stella, **L'a priori della promessa in Adolf Reinach,** 1986, pp. 392 ss.; Neil Duxbury, **The Legai Philosophy of Adolf Reinach,** 1991, pp. 314 ss. y 466 ss.; Daniela Falcioni, **Gli atti sociali nella fenomenologia del diritto di Adolf Reinach,** 1991, pp. 395 ss.; Paolo di Lucia, **L'interpretazione della promessa in Adolf Reinach,** 1995, pp. 150 ss.; Carlos Pérez Ruiz, **La construcción social del derecho,** 1996, pp. 73 ss.

la función práctica de «provocar» al agente, por lo que, a diferencia de las premisas previas, no es factual[59]. A partir de premisas factuales se inferiría una conclusión no factual, un *deber* (bien es verdad que Black no usa el verbo *ought,* sino *should*) que es un deber técnico («si se quiere conseguir el fin «dar jaque mate en el próximo movimiento», se *debe* usar el *medio* «mover la dama a b6»»). Pero, como resalta von Wright, este mismo *deber* podría verse también como un deber deóntico si se enunciara por el capitán del equipo de Fischer, un deber tan deóntico como el de cualquier norma jurídica que nace con una finalidad concreta buscada por el legislador («si se quiere conseguir el *fin* «disminuir los accidentes de tráfico», se *debe* usar el *medio* «crear una norma que obligue a llevar puesto el cinturón de seguridad»», «si se quiere conseguir el *fin* «recaudar más impuestos», se *debe* usar el *medio* «crear una norma que obligue a expender una factura por cada servicio prestado»»). Esta ambivalencia intrínseca de los enunciados en términos de *deber* podría explicar que Searle considerara categórica su conclusión inferencial «Jones debe pagar a Smith cinco dólares»[60].

2.3.2.2. La defensa de la inferencia anankástica de Searle

2.3.2.2.1. La defensa de Carcaterra

Tras la estela de Searle, Carcaterra ha diferenciado tres tipos de relación lógica entre *ser* y *deber ser,* entre las proposiciones «no-éticas» o aléticas y las proposiciones «éticas» o deónticas: la relación lógica de «deducibilidad», la relación lógica de «reducibilidad» y la relación lógica de «traducibilidad». Estos tres tipos de relaciones lógicas son posibles cuando las proposiciones aléticas son proposiciones factuales, y no proposiciones «racionales» o «lógicas en sentido amplio» ; es decir, cuando no son relativas a las «ciencias formales» y no se verifican a través de reglas lingüísticas independientes de la experiencia, sino que son relativas a las «ciencias reales» y se verifican a través de la comprobación empírica. Las proposiciones factuales

---

[59] Max Black, **The Gap between «Is» and «Should»**, 1964, pp. 165 ss. Cfr. Max Black, **Some Remarks about «Practical Reasoning»**, 1989, **p.** 415.

[60] Georg H. von Wright, **Is and Ought,** 1985, pp. 273-277. Cfr. Ota Weinberger, **'Is' and 'Ought' Reconsidered. Comment on G. H. von Wright's Lecture «Is and Ought»**, 1984, pp. 454 ss.; Kiccardo Guastini, **Constitutive rules and the is-ought dichotomy,** 1988, pp. 79 ss.

son proposiciones «objetivas», en el sentido de que hacen referencia a las propiedades y las relaciones de los objetos, y no al metalenguaje que los menciona. A diferencia de las proposiciones «racionales», las proposiciones factuales se pueden «corresponder» con proposiciones deónticas cuando comparten el mismo «frástico»[61] o elemento indicativo. Si coinciden en el *frástico,* las proposiciones deónticas pueden ser *deducibles* de las proposiciones factuales correspondientes, pueden *reducirse* a las proposiciones factuales correspondientes y pueden *traducirse* como las proposiciones factuales correspondientes[62]. La proposición deóntica «si quieres que hierva el agua, debes calentarla a cien grados» podría ser *deducible* de la proposición factual correspondiente «el agua hierve a los cien grados», podría *reducirse* a la proposición factual correspondiente «el agua hierve a los cien grados», podría *traducirse* en el lenguaje *adeóntico* como la proposición factual correspondiente «el agua hierve a los cien grados».

---

[61] Vid. supra Richard M. Hare, **The language of moráis,** 1952, pp. 62 ss. Cfr. **Freedom and Reason,** 1963; **The Promising Game,** 1964; **Practical Inferences,** 1971.

[62] Gaetano Carcaterra, **II problema della fallacia naturalística,** 1969, pp. 126 ss.; **La «Grande Divisione»,** sí e no, 1976. Podría hablarse entonces de un triple riesgo de «falacia» naturalista: la *deducibilidad* lógica entre *ser* y *deber ser,* la *reducibilidad* lógica entre *ser y deber ser,* la *traducibilidad* lógica entre *ser* y *deber ser.* Amedeo Conte ha preferido distinguir entre la falacia naturalista *noètica,* relativa a conceptos, la falacia naturalista *dianoetica,* relativa a enunciados, y la falacia naturalista *axiológica,* relativa a la verdad de enunciados. En particular, constituye una falacia naturalista dianoètica derivar un enunciado deóntico de enunciados adeónticos; es decir, afirmar que un enunciado deóntico puede ser un objeto de inferencia de enunciados adeónticos. Esta afirmación no se identifica: a) ni con la afirmación de que un concepto deóntico puede definirse a través de conceptos adeónticos (falacia noètica); b) ni con la afirmación de que la verdad de un enunciado deóntico puede ser un objeto de inferencia de la verdad de enunciados adeónticos (falacia axiológica); c) ni con la afirmación de que un enunciado deóntico puede ser un objeto de inferencia de otros enunciados también deónticos (que nos conduce al dilema de Jorgensen); d) ni con la afirmación de que la validez de una norma puede ser un objeto de inferencia de la validez de otras normas, ya que la validez deóntica de una norma no es relativa a las reglas lógicas de las que pueda depender su validez inferencial o dianoètica, sino a las reglas constitutivas del ordenamiento del que forma parte la norma (Amedeo G. Conte, **Mínima deóntica, 1988,** pp. 466 ss.; **Su Carcaterra,** 1976).

2.3.2.2.2. La defensa (anticipada) de Fassò: *ley natural* y *ley práctica*

Antes que Searle y Carcaterra, Guido Fassò había combatido ya el divisionismo argumentando la posibilidad de derivar deberes anankásticos de premisas fácticas. Una ley natural *describe* para Fassò la relación causal entre dos fenómenos de tal forma que si un sujeto quiere provocar el fenómeno-efecto sabe que debe procurar que se produzca el fenómeno-causa. Por ello, de la ley natural se puede inferir una segunda ley, *práctica,* que no es descriptiva, sino prescriptiva: *prescribe* que se actúe de forma que se produzca el fenómeno-causa para así provocar el deseado fenómeno-efecto. La ley descriptiva se *transforma,* dice Fassó, en ley prescriptiva cuando el sujeto asume que debe seguirla como *medio* para conseguir el *fin* deseado. La proposición descriptiva («A produce B») se «convierte» en imperativo hipotético («Si quieres B, haz que sea A»), se «traduce» en forma imperativa[63].

Las normas jurídicas no son producidas por la naturaleza, sino por la voluntad del legislador, pero no por ello dejan de ser para Fassò instrumentales, técnicas, medios para alcanzar el fin de la subsistencia de la sociedad. El legislador legisla cuando lo considera necesario para este fin, «representándose» una ley natural que expresa un nexo de causalidad entre las conductas individuales deseadas y la subsistencia del Estado: «Una ley jurídica que ordene «no matar» o «paga los impuestos» tiene evidentemente como fin implícito «si quieres que subsista el Estado»». Constituye la conversión de una ley natural («el homicidio perjudica al Estado», «no pagar los impuestos perjudica al Estado», también reformulables como «para que subsista el Estado es necesario que no se mate», «para que subsista el Estado es necesario que se paguen los impuestos») en norma prescriptiva, en imperativo hipotético. El legislador, en tanto que representa a la colectividad, «**quiere** en nombre de todos; e interpretando la común exigencia de que el Estado subsista, lo que quiere en nombre de todos es el Estado; y al quererlo, es decir, al asumirlo como fin, convierte la ley natural de la subsistencia del Estado en norma de conducta»[64].

---

[63] Guido Fassó, **Legge naturalistica e legge pratica,** 1953, pp. 310-312; **Legge descrittiva e legge prescrittiva,** 1974, pp. 262-263.

[64] Guido Fassó, **Legge naturalística e legge pratica,** 1953, pp. 312-313.; **Legge descrittiva e legge prescrittiva,** 1974, pp. 263-264.

En conclusión, a juicio de Fassò todas las normas de conducta son «traducciones en imperativo» de leyes naturales. Es más, el acto de voluntad del legislador, que se dirige a conseguir la adecuación del comportamiento individual al fin social, no es condición necesaria de existencia de la sociedad, ya que no haría falta si todos sus miembros siguieran espontáneamente la «regla técnica del fin común». Cuando no ocurre así, la norma es siempre la traducción directa o indirecta de la «ley natural del grupo social que es conocida por el legislador, quien, en vista del fin común a todos los componentes del grupo social -fin que es precisamente la conservación del grupo- la convierte en regla práctica, en norma de conducta». Y esta regla práctica es para Fassó la «verdadera ley», la norma fundamental de la sociedad: «las leyes jurídicas particulares, las leyes-mandatos, son un apéndice no esencial de esta norma fundamental»[65].

[65] Guido Fassó, **Legge naturalística e legge pratica,** 1953, pp. 312-314.; **Legge descrittiva e legge prescrittiva,** 1974, pp. 265-267. En sus propias palabras: «En la consideración de la ley práctica, se ha de ir más allá del epifenómeno (por lo demás importantísimo) que es el mandato del legislador, y remontarse de la norma querida por él a la norma que vale para él y para cuya aplicación él quiere y crea otras normas; la primera norma originaria y fundamental no es creada por la voluntad de nadie, sino que es la ley natural de un grupo social, que pasa automáticamente a ser norma cuando el reagrupamiento social es querido -es decir, es elegido como fin- por el hombre; en el proceso de cuya voluntad la ley se inserta como instrumento de acción. La norma, fundamentalmente, es siempre la traducción en imperativo de la proposición descriptiva que es la ley natural; el contenido de ambas es entonces el mismo: sólo que los elementos que la ley relaciona se ven en la ley natural en su implicación causal, y en la ley práctica en su implicación final... Esta naturaleza originaria y fundamentalmente **técnica** de la norma y la reconducibilidad de las normas-mandatos a esta *norma técnica originaria* permiten divisar el punto de encuentro, análogo al de la voluntad con el conocimiento, de la ley práctica, prescriptiva, con la ley natural, descriptiva».

CAPÍTULO IV

LA GUILLOTINA DE KANT

La gran división separa el ser del deber ser. Entre el deber anankástico o técnico y el deber deóntico se ha hablado también de división, de separación, de inexistencia de relaciones lógicas. Quienes se han opuesto a esta tesis divisionista débil han sostenido la posibilidad de definir conceptos deónticos a través de conceptos anankásticos, y, viceversa, la posibilidad de definir conceptos anankásticos a través de conceptos deónticos, desafiando así la guillotina de Kant[66].

1. El deber anankástico en términos deónticos

El deber anankástico aparece sugerentemente reformulado en términos deónticos en la teoría general de las normas de Norberto Bobbio, en la teoría de las modalidades normativas de Alf Ross y, especialmente, en la teoría técnica del derecho de Adolfo Ravá.

---

66 Denomino «guillotina de Kant» a la que separa el *deber ser deóntico,* presente en las reglas puramente deónticas, en los imperativos categóricos, del *deber ser anankástico,* presente en las reglas técnicas, en los imperativos hipotéticos. Esta oposición que atribuyo a Kant es por consiguiente diferente de la que constituyó el punto de partida del dualismo metódico del neokantiano Radbruch. Radbruch no se remontó a Hume, sino a Kant, para explicar la relevancia de la imposibilidad de deducir valores de hechos: «La filosofía kantiana nos ha aleccionado sobre la imposibilidad de deducir de lo que *es* lo que *debe ser.* Nunca algo es justo por el solo hecho de que es, de que fue o, también porque será... Los preceptos del deber ser, los juicios de valor, las estimaciones no pueden fundamentarse inductivamente sobre posiciones de ser, sino deductivamente sobre preceptos de especie semejante» (vid. *supra* Gustav Radbruch, **Grundzüge der Rechtsphilosophie,** 1914 (trad. cast.: **Filosofía del derecho,** 1933, pp. 13-14)).

1.1. El deber anankástico en términos deónticos en la *teoría general de las normas* de N. Bobbio

Norberto Bobbio ha interpretado en términos deónticos el deber propio de las reglas técnicas al resaltar el carácter *hipotéticamente* imperativo de normas jurídicas como «La donación *debe* efectuarse en acto público» o «El testamento ológrafo debe escribirse a mano». Estas normas pueden ser formuladas en forma hipotética como «si quieres efectuar una donación *debes* llevar a cabo un acto público» o «si quieres hacer testamento ológrafo *debes* escribirlo a mano». El *fin* es libre, pero una vez decidido convierte al *medio* para su consecución en obligatorio. El comportamiento que debe seguirse para alcanzar el objetivo final no se adecúa a una ley natural sino a una regla de conducta, que como enunciado prescriptivo convierte en obligatoria la acción a realizar. La norma jurídica no obliga a donar, pero obliga, si se da el caso que un agente quiere hacer una donación que *cuente* como jurídicamente válida, a realizar un acto público; no obliga a hacer testamento ológrafo, pero obliga, si se da el caso que un agente quiere hacer un testamento ológrafo que *cuente* como jurídicamente válido, a escribirlo a mano[67].

Imperativos hipotéticos como «Si deseas hacer hervir el agua debes calentarla a cien grados» o «Si deseas mejorarte del resfriado, toma aspirina» no implican para Bobbio ningún tipo de obligación para su destinatario porque la elección del fin es libre, y una vez elegido no hay una necesidad natural de seguir el comportamiento instrumental; el agente calienta el agua porque conoce la ley física, no porque esté obligado por el imperativo hipotético. Pero en los imperativos hipotéticos jurídicos como «Si quieres efectuar una donación debes llevar a cabo un acto público» el fin no es el efecto de una causa natural, sino que es una consecuencia que se imputa a una determinada acción a la que el ordenamiento jurídico atribuye el carácter de medio para la consecución de un fin. Es decir, la relación entre medio y fin no es ahora una relación de causalidad, una relación entre una causa y un efecto en sentido natural, sino una

---

[67] Norberto Bobbio, **Teoria della norma giuridica,** 1958, p. 108; **Norma giuridica,** 1965, p. 335.

relación entre un hecho que *cuenta* para el ordenamiento jurídico como condición, y otro hecho que *cuenta* para el ordenamiento jurídico como consecuencia. Una vez decidido el objetivo final, que en sí mismo es libre como en la ley natural, la acción que se realiza para conseguirlo se convierte en obligatoria. La decisión de donar o no donar es tan libre como la decisión de hervir o no el agua, pero, si se decide donar, nace el deber de seguir el procedimiento establecido. El imperativo hipotético jurídico no impone una acción como «naturalmente buena», concluye Bobbio, sino que al imputar a una acción determinada una consecuencia, favorable o desfavorable, induce a cumplirla en tanto que constituye el medio para conseguir un fin (si la consecuencia es favorable) o para evitarlo (si la consecuencia es desfavorable)[68].

El planteamiento de Bobbio recuerda al de John Austin, en cuyo análisis lógico-científico del derecho es también patente una reformulación del deber anankástico como deber deóntico. Austin reduce el deber anankástico de las «reglas que confieren derechos», que siguen el esquema «debo realizar el acto X para que tenga el valor jurídico de Y» (por ejemplo, debo firmar mi declaración sobre la propiedad de mis bienes tras mi muerte *para que* tenga el valor jurídico de *testamento;* es decir, *si quiero* que *cuente jurídicamente* como testamento) o el esquema «debo poseer la cualidad X para que mis actos tengan el valor jurídico de Y» (por ejemplo, debo tener dieciséis años *para* contraer matrimonio; es decir, *si quiero* que el acto en el que participo *cuente jurídicamente* como matrimonio) a deber deóntico. Como toda norma jurídica, una *norma que confiere derechos* es también imperativa para Austin: «todas las *leyes,* incluidas las que confieren derechos, son mandatos; las leyes que no son mandatos son sólo leyes en sentido impropio». Y los mandatos se definen como expresiones de deseos respaldados con la amenaza de eventuales perjuicios para el supuesto de su incumplimiento. Cuando, como en el caso de las normas jurídicas, los destinatarios del *deseo* del legislador son conscientes de la amenaza del perjuicio, tienen el deber de cumplirlas. Las *normas que confieren derechos* (que, en nuestra terminología, son *reglas hipotético-*

[68] Norberto Bobbio, **Teoria della norma giuridica**, 1958, pp. 108 ss.

constitutivas, reglas que ponen condiciones de validez de la praxis que regulan) implican así deberes puramente deónticos para quienes quieran ejercerlos[69].

1.2. El deber anankástico en términos deónticos en la *teoría de las modalidades normativas* de A. Ross

En **Directives and Norms**, Alf Ross habla asimismo de «reducción» de las normas técnicas de competencia a normas de conducta, de reformulación del deber (anankástico) de seguir un determinado procedimiento para conseguir el objetivo de la validez de una norm[70]

---

[69] John Austin, **Lectures on Jurisprudence** (1863), 1885, pp. 79 ss. y 100 ss. Bobbio, no obstante, fue crítico con el reduccionismo de Austin (Norberto Bobbio, **Teoria della norma giuridica**, 1958, pp. 135 y 150 ss.). También lo ha sido Hart, quien destacó que la invalidez de un acto no se puede considerar como un perjuicio o una sanción destinada a desmotivar conductas: «...ello equivaldría a concebir las reglas de tanto (***scoring rules***) de un juego como dirigidas a eliminar todas las jugadas salvo la conversión de tantos. Si esto tuviera éxito provocaría el fin de todos los juegos» (Herbert L. A. Hart, **The Concept of Law,** 1961; trad. cast.: **El concepto de derecho,** 1980, pp. 41-45. Vid., en el mismo sentido, Giacomo Gavazzi, **Norme primarie e norme secondarie,** 1967, pp. 41 ss.; John Finch, **Introduction to Legal Theory,** 1974, pp. 76-77; Alfonso Catania, **Argomenti per una teoria dell'ordinamento giuridico,** 1976, pp. 163 ss.). Asimismo, Olivecrona resaltó que a reducción imperativista de Austin acabaría con el concepto tradicional de «derecho subjetivo», que sería sustituido por el «reflejo del mandato legal» (Karl Olivecrona, **Law as Fact** (1939), 1971; trad. cast.: **El derecho como hecho. La estructura del ordenamiento jurídico,** 1980, pp. 151 ss.). Llama la atención el hecho de que Kelsen, muy crítico en sus primeras obras con el imperativismo austiniano, terminara coincidiendo en muchos aspectos con Austin en su postuma **Allgemeine Theorie der Normen.**

[70] Posteriormente, Ross no sólo aludirá a las reglas de competencia que establecen las condiciones de validez de ***normas jurídicas,*** sino también a las que condicionan la validez de ***actos jurídicos privados.*** Estas reglas de competencia basadas en la autonomía privada crean poderes unilaterales, como en el caso del testamento o de la donación, o poderes bilaterales, como en el caso de los contratos, en el que a juicio de Ross los particulares «legislan». En estas reglas de competencia privadas, el deber de cumplir determinados requisitos para la hipótesis de que se quiera realizar un contrato válido se puede reformular lógicamente como deber categórico de cumplir lo «legislado» en el contrato. A diferencia de las reglas de competencia basadas en la autonomía privada, que otorgan poderes «no cualificados» (en tanto que universales), «autónomos» (en tanto que obligan a uno mismo), «discrecionales» (en tanto que se ejercen libremente) y «transferibles» (en tanto que se pueden transmitir a otros individuos), las reglas de competencia «públicas»,

como deber (deóntico) de comportarse en la manera que establece la nueva norma válida.

Ross diseña la siguiente tabla de «modalidades directivas jurídicas», inspirándose claramente en los ocho «conceptos jurídicos fundamentales» de Hohfeld:

(1) Obligación A-B (C) = Derecho B-A (C)

(2) Permiso A-B (C) = No-derecho B-A (C)

(3) Derecho A-B (C) = Obligación B-A (C)

(4) No-derecho A-B (C) = Permiso B-A (no-C)

(5) Sujeción A-B (F) = Competencia B-A (F)

(6) Inmunidad A-B (F) = Incompetencia B-A (F)

(7) Competencia A-B (F) = Sujeción B-A (F)

(8) Incompetencia A-B (F) = Inmunidad B-A (F)[71]

A-B (C) significa que A tiene en relación con B la obligación (*obligation*), el permiso (*permission*), el derecho *(claim) o* el «no-derecho» (*no-claim*) de desarrollar el comportamiento C, el cual describe el contenido de la obligación de A. A-B (F) significa que A está en una relación de sujeción («subjection»), de inmunidad *(immunity),* de com-

que establecen las condiciones de validez de las normas generales del ordenamiento jurídico, son para Ross «cualificadas», «heterónomas», de «interés público» y «no transferibles» (Alf Ross, **Directives and Norms,** 1968 (trad. cast.: **Lógica de las normas,** 1971, pp. 124-125).

71 Alf Ross, **Directives and Norms,** 1968 (trad. cast.: **Lógica de las normas,** 1971, pp. 113 ss.). Cfr. Wesley N. Hohfeld, **Some Fundamental Legal Conceptions as Applied in Judicial Reasoning** (1913), 1923, p. 35. Ross ya había distinguido estas ocho modalidades normativas en el quinto capítulo de **Om ret og retfaerdighed,** 1953 (trad. inglesa: **On Law and Justice,** 1958; trad. cast.: **Sobre el Derecho** y **la justicia,** 1970). Aunque reconoce haberse inspirado en Hohfeld (de hecho, a pesar de cambiar algunos de los términos correspondientes, utiliza los ocho conceptos de Hohfeld: *duty, privilege, right, no-right, liability, immunitu, power, disability*), Ross se distancia de él al afirmar haber superado con su teoría de las modalidades normativas los dos principales defectos de la teoría de Hohfeld: no haber interpretado las modalidades en términos de sus funciones jurídicas, ni haber sido consciente de que las modalidades son meras herramientas lingüísticas del derecho (Podemos encontrar interpretaciones reduccionistas -de reducción del deber anankástico a deber deóntico.

petencia *(competence)* o de incompetencia *(disability)* respecto a los actos creadores de normas de B dentro del campo F, el cual describe la competencia material y procedimental de B.

Las cuatro primeras son las «modalidades de normas de conducta», y entre ellas mantienen dos tipos de relación lógica: de oposición o «negación» lógica entre (1) y (2) y entre (3) y (4), y de «correlación» lógica entre (1) y (3) y entre (2) y (4).

Las cuatro últimas son las «modalidades de normas de competencia», relacionadas de forma análoga: existe una relación lógica de oposición o «negación» entre (5) y (6) y entre (7) y (8), y de «correlación» entre (5) y (7) y entre (6) y (8)[72].

A juicio de Ross, las cuatro modalidades de normas de competencia pueden reducirse («pueden transformarse lógicamente sin cambio de significado») respectivamente a las cuatro modalidades de normas de conducta. El concepto de *sujeción,* que es un concepto anankástico en tanto que establece lo que debe ocurrir para la hipótesis de que se quiera crear una norma de conducta válida, puede reducirse al concepto de *obligación,* que es un concepto deóntico en tanto que establece lo que debe categóricamente ocurrir[73]. Análogamente, el concepto anankástico de *inmunidad* puede reducirse al concepto deóntico de *permiso,* el concepto anankástico de *competencia* puede

[72] Debe precisarse que Ross utiliza su tabla de las modalidades normativas como método de análisis lingüístico del derecho. «El objeto del análisis es realmente el lenguaje del derecho», afirma Ross, y las modalidades normativas son entonces meros vehículos lingüísticos a través de los que se expresa el contenido directivo de las reglas jurídicas; no son por tanto entidades metafísicas supuestamente causadas por hechos y con ficticias consecuencias jurídicas, tal como a juicio de Ross ha venido explicando tradicionalmente la ciencia jurídica (Alf Ross, **Directives and Norms,** 1968 (trad. cast.: **Lógica de las normas,** 1971, p. 126)).

[73] Ross asume la obligación como modalidad jurídica fundamental, puesto que «expresa de modo inmediato el operador directivo específico que, cuando el directivo es una norma, tiene su base existencial en el sentimiento de validez». Para Ross, sería concebible un sistema normativo que contuviera exclusivamente normas obligatorias, pero no otro en el que sólo hubiera normas permisivas. La norma permisiva sólo proporciona información al destinatario sobre cuál debe ser su conducta si constituye una excepción respecto a la norma obligatoria, incluso en el caso límite de que sólo hubiera en el ordenamiento una única norma obligatoria que declarara prohibido todo lo no permitido explícitamente (Alf Ross, **Directives and Norms,** 1968 (trad. cast.: **Lógica de las normas,** 1971, pp. 114-115)).

reducirse al concepto deóntico de *derecho* y el concepto anankástico de *incompetencia* puede reducirse al concepto deóntico de *no-derecho*. Ross precisa que las normas de competencia pueden reformularse como normas de conducta, pero, por el contrario, las normas de conducta no pueden reformularse como normas de competencia. Las normas de competencia hacen que sea obligatorio actuar de acuerdo con las normas de conducta que han sido creadas siguiendo el procedimiento que establecen. «Competencia» es para Ross una relación entre la persona que la tiene y la persona que está sujeta o inmune a ella, quien tiene la obligación, el permiso, el derecho o el no-derecho de hacer lo que establece la norma creada por la primera[74].

También en **On Self-Reference and a Puzzle in Constitutional Law,** Ross vuelve a inferir un deber deóntico de un deber anankástico. De la norma de competencia constitucional que establece las condiciones personales y procedimentales que deben cumplirse para reformar válidamente la Constitución, Ross deduce la obligación de comportarse de acuerdo con lo establecido por la Constitución reformada. De una regla hipotético-constitutiva Ross deriva una regla deóntica. Ross recurre a la inferencia lógica correcta **$((p \rightarrow q) \& p) \rightarrow q$.** La premisa mayor «$p \rightarrow q$» representa una norma de competencia que se puede leer como «si se cumplen las condiciones A, B y C, una norma es creada válidamente». La premisa menor «p» se puede leer como «las condiciones A, B y C se cumplen». La conclusión «q» representa la norma de conducta creada válidamente[75]. Del deber anankástico presente en la norma de competencia (que obliga sólo para la *hipótesis* de querer crear una norma válida) Ross deriva el deber deóntico, *categórico,* de hacer lo que establece la nueva norma[76].

---

74 Alf Ross, **Directives and Norms,** 1968 (trad, cast.: **Lógica de las normas,** 1971, pp. 113-114).

75 Alf Ross, **On Self-Reference and a Puzzle in Constitutional Law,** 1969, pp. 1-3. Resulta destacable la analogía entre Ross y el último Kelsen. En la **Allgemeine Theorie der Normen,** Kelsen señala que «autorizar puede implicar prescribir». En particular, una norma constitucional que regula el procedimiento legislativo establece que el órgano legislativo «*puede* crear» normas generales, y también que los ciudadanos «*deben* comportarse» de acuerdo con ellas (Hans Kelsen, **Allgemeine Theorie der Normen,** 1979, pp. 82-83).

76 Alf Ross, **On Self-Reference and a Puzzle in Constitutional Law,** 1969, pp. 3 ss. En el caso concreto de la Constitución danesa de 1953 que Ross estudia, la inferencia es la siguiente:

1.3. El deber anankástico en términos deónticos en la *teoría técnica del derecho* de A. Ravà

1.3.1. La relación normativa como *necesidad deontológica*

La formulación más radical del deber anankástico en términos deónticos la hallamos en la importante obra de Adolfo Ravá **Il diritto come norma técnica** (1911). Para Ravà, en las normas está presente una relación constante entre antecedentes y consecuentes que no se traduce en la verificación efectiva de los consecuentes a partir de una «necesidad fáctica», como ocurre en las leyes naturales. Ravà define la «acción» como el movimiento no instintivo, sino resultante de la reflexión, que consiste en la representación y materialización de un acto. Dado que existe un «patrimonio» de reglas y principios generales que prevén de modo abstracto los distintos comportamientos posibles con relevancia normativa, la acción puede clasificarse en obligatoria, permitida o prohibida. A diferencia de la ley natural, que establece una relación necesaria entre causas y efectos que no admite excepciones, la norma de conducta no se limita a constatar la verificación de un efecto B siempre que se dé su causa A, sino que «ordena» que, siempre que ocurra A, ocurra B[77]. Este «imperativo universal»

(1) Artículo 88: La constitución puede ser modificada con un procedimiento que siga las condiciones A, B y C y sólo con este procedimiento.
(2) El artículo 88' (que establece que la constitución puede ser modificada con un procedimiento que siga las condiciones A', B' y C) ha sido creado siguiendo las condiciones A, B y C.
(3) El artículo 88' es válido, y por tanto la Constitución puede ser modificada con un procedimiento que siga las condiciones A, B y C y sólo con este procedimiento.

[77] En este punto, la posición de Ravà es análoga a la de Kelsen: A los enunciados jurídicos les corresponde el principio de *imputación,* análogo al principio de *causalidad* en su función descriptora del objeto científico (la normas jurídicas como objetos de fa ciencia jurídica, las leyes naturales como objetos de las ciencias naturales). Los enunciados jurídicos se refieren a determinadas condiciones bajo las cuales deben producirse determinados «actos de coacción», pero la relación entre condición y consecuencia es muy diferente a la relación entre causa y efecto presente en las leyes naturales: «El enunciado jurídico no dice, como la ley natural, que si se produce el hecho A, entonces aparece el hecho B, sino que si se produce el hecho A, debe producirse el hecho B, aunque quizás B no se produzca en la realidad. El significado de la relación de tos elementos en el enunciado jurídico es diferente del enlace de los elementos en la ley natural porque el primero ha sido establecido por la autori-

sólo se destina a los seres con capacidad racional de «actuar», de realizar acciones, y por consiguiente de decidir si cumplen o incumplen la norma. La constancia de la relación entre el antecedente y el consecuente no implica la verificación efectiva del consecuente, por lo que la relación entre ambos no es de necesidad «fáctica», como en la ley natural, sino de necesidad «deontológico». Incluso aunque la norma de conducta fuera siempre violada, conservaría toda su fuerza deontológica, que debería plasmarse en la sanción[78].

1.3.2. El carácter *absoluto* de los imperativos hipotéticos

Dentro de las normas de conducta, Ravà parece comenzar aceptando la distinción kantiana entre los imperativos hipotéticos, que redefine como «las normas que prescriben lo que se debe hacer en la hipótesis de que se proponga un fin con tal de conseguirlo», y que como tales «sólo son obligatorias en tanto que se proponga efectivamente el fin», y los imperativos categóricos o «normas éticas», que ordenan incondicionadamente observar una determinada conducta considerada «como buena en sí misma», «como fin en sí mismo». Los imperativos hipotéticos son las reglas técnicas, «derivaciones evidentes de las leyes de la naturaleza» que invierten especularmente su contenido: «La ley natural dice: todas las veces que se verifica A, se verifica B; la norma técnica la invierte y dice: si quieres que se verifi-

dad jurídica, es decir, por una norma instaurada mediante un acto de voluntad, mientras que la conexión entre la causa y el efecto Que se enuncia en la ley natural es independiente de toda intervención semejante... Si el enunciado jurídico, en consecuencia, declara que, bajo determinadas condiciones, *debe* producirse una determinada consecuencia, ello debe entenderse en el sentido de que, cuando la conexión establecida por una norma jurídica entre los hechos determinados como condición y consecuencia es expresada en el enunciado jurídico mediante el verbo copulativo «deber», este verbo, como ya se señaló anteriormente, y como debe ser subrayado con energía, no es utilizado en su sentido corriente. Con el verbo «deber» se expresa usualmente el pensamiento de estar algo ordenado, pero no el estar algo autorizado o permitido. El verbo «deber» en derecho -esto es, el término copulativo que, en el enunciado jurídico, enlaza condición con consecuencia- expresa sólo el sentido específico en que se relacionan ambos hechos en una norma jurídica y mediante una norma jurídica». Vid. Hans Kelsen, **General Theory of Law and State**, 1945 (trad. cast.: **Teoría general del Derecho y del Estado**, 1983, pp. 53-54**)**; What is Justice?, 1960 (trad. cast.: **¿Qué es justicia?,** 1982, pp. 221 ss.; **Reine Rechtslehre**, 1960 (trad. cast.: **Teoría pura del derecho**, 1983, pp. 38 ss., 89 ss. y 130 ss.).

[78] Adolfo Ravà, **II diritto come norma técnica**, 1911 (ed. 1950, pp. 1-7).

que B, procura hacer verificar A»[79]. Esta derivación inversa otorga a las reglas técnicas una particular inflexibilidad, puesto que, aunque violables como cualquier otra norma de conducta, conllevan una «sanción natural», no humana, que consiste en la no consecución del fin perseguido. Esta sanción natural es para Ravá la muestra del carácter «absoluto» de las reglas técnicas[80].

---

79 Adolfo Ravà, **Il diritto come norma técnica,** 1911 (ed. 1950, pp. 10-15). Ravà analiza como precedente de la distinción kantiana la referencia de Aristóteles a las virtudes dianoéticas técnicas o «artísticas» y las virtudes dianoéticas éticas o «prudenciales». Recuérdese el pasaje de la **Etica a Nicómaco** sobre «el producir» (técnico, hipotético) y «el actuar» (ético, categórico): «Entre las cosas que pueden ser de otra manera están lo que es objeto de producción y lo que es objeto de acción o actuación, y una cosa es la producción y otra la acción; de modo que también la disposición racional apropiada para la acción es cosa distinta de la disposición racional para la producción. Por tanto, tampoco se incluyen la una a la otra; en efecto, ni la acción es producción, ni la producción es acción. Ahora bien, puesto que la construcción es una técnica y es precisamente una disposición racional para la producción, y no hay técnica alguna que no sea una disposición racional para la producción ni disposición alguna de esta clase que no sea una técnica, serán lo mismo la técnica y la disposición productiva acompañada de la razón verdadera. Toda técnica versa sobre el llegar a ser, y sobre el idear y considerar cómo puede producirse o llegar a ser algo de lo que es susceptible tanto de ser como de no ser... En cuanto a la prudencia, tiene que ser una disposición racional verdadera y práctica respecto de lo que es bueno y malo para el hombre. Porque el fin de la producción es distinto de ella, pero el de la acción no puede serlo: la buena actuación misma es un fin» **(Ética a Nicómaco, 1140).** Vid. *supra* cap. **II.**

80 A juicio de Bobbio, en Ravà confluyen la «teoría del derecho como regla técnica» y la «teoría de las sanciones como características constitutivas del derecho». Decir que una norma es técnica o instrumental equivale para Bobbio a afirmar que a su transgresión le sigue una sanción (Norberto Bobbio, **Teoría della norma giuridica,** 1958, pp. 140-141). En todo caso, Ravà también habla de «normas primarias», que regulan directamente las acciones, y de «normas secundarias», destinadas a garantizar el cumplimiento de las normas primarias estableciendo sanciones para el supuesto de su violación. Las normas secundarias son para Ravà reglas técnicas; son *medios* tendentes al *fin* del cumplimiento de las normas primarias. Este enfoque «tecnicista» o «instrumentalista» de las normas secundarias aparece también en la fórmula lógica del compromiso O(p -» q), consecuente de la inferencia lógica correcta O-p -» O (p -* q): «si hacer *p* está prohibido, al nacer *p* nos comprometemos a hacer cualquier otra cosa». Como puso de manifiesto von Wright, esta inferencia es claramente paradójica (Georg H. von Wright, **A Note on Deontic Logic and Derived Obligation,** 1956; **Deontic Logic and the Theory of Conditions,** 1968, pp. 13-15 y nota 7; **Norms, Trutn and Logic,** 1982, pp. 159-161; **On Conditional Obligations,** 1995, pp. 3 ss.).

1.3.3. La metáfora del derecho como técnica

Para determinar la naturaleza del derecho como pauta reguladora de los actos humanos, es imprescindible para Ravà preguntarse por el carácter hipotético o categórico de las normas jurídicas, cuestión cuya respuesta será relevante para abordar el problema de la distinción entre moral y derecho: «si el derecho es una norma técnica, entonces el problema de la distinción entre moral y derecho se resuelve de forma radical, ya que los dos principios pertenecerían a esferas absolutamente diversas; si el derecho es una norma ética surge el grave problema de ver cómo dentro del campo general de la ética es posible diferenciar dos principios tan distintos como el moral y el jurídico»[81].

Y el derecho es según Ravà un conjunto de normas técnicas, de normas que son asumidas por ciudadanos y por legisladores como *medios* para obtener determinados *efectos* y determinados *fines.* Su carácter técnico es a juicio de Ravà reconocido implícitamente cuando se considera al ordenamiento jurídico como condición necesaria para la coexistencia de los hombres en la sociedad. El derecho se define así como «el conjunto de las normas que prescriben la conducta que es necesario que mantengan los componentes de la sociedad para que la propia sociedad pueda existir»[82]. La existencia y conservación

[81] Adolfo Ravá, **Il diritto come norma técnica,** 1911 (ed. 1950, pp. 16-17).

[82] Adolfo Ravà, **Il diritto come norma técnica,** 1911 (ed. 1950, p. 35). La posición de Ravà es diferente a la de Brunetti (vid. ***supra*).** Para Ravà, el derecho **es** regla técnica; para Brunetti, el derecho ***tiene*** reglas técnicas. Sin embargo, a juicio de Gianfranco Ferrari no hay oposición entre ambas teorías. Ravà parte de su convicción de que el derecho desarrolla una función fundamental en la constitución cíe la socialidad, función que representa el ***fin*** al que se dirigen como ***medios*** las normas jurídicas. Su análisis del fenómeno jurídico no es sólo ***ontológico,*** sino también ***pragmático:*** lo analiza pragmáticamente centrándose en el concepto de acción como resultado de una reflexión racional del agente. Por su parte, Brunetti también subraya el «papel teleológico» que desarrolla el derecho a través de las «reglas finales», y critica al imperativismo por presuponer la supremacía de los medios sobre los fines. Las reglas finales orientan sobre el uso adecuado de medios para el logro de fines, creando una relación puramente técnica, pero las normas morales son más importantes porque constituyen su fundamento (Cfr. Giovanni Brunetti, **Norme e rególe finali nel diritto,** 1913, pp. 85 ss.). Ambas teorías estudian el aspecto teleológico del derecho, pero su alcance es para Ferrari limitado por no prestar la atención debida a las relaciones causales en sí mismas. No obstante, el concepto de regla técnica de Ravà es relevante por su dependen-

del «consorcio social» es *el fin,* el ordenamiento jurídico es el *medio.* Toda norma jurídica se puede reformular siguiendo el esquema «si quieres vivir en sociedad, debes comportarte en el modo que es condición del vivir social»[83].

1.3.3.1. La *instrumentalidad* de las normas jurídicas

En tanto que *medios* para el mantenimiento de la sociedad, las normas jurídicas determinan las acciones humanas de forma relativa, no absoluta. Los deberes jurídicos, positivos («de hacer») o negativos («de abstenerse de hacer»), no son válidos *sic et simpliciter,* sino sólo en relación con los derechos de los demás. El derecho es sobre todo *relación,* relación intersubjetiva, y sus normas se refieren a los medios necesarios para la consecución del objetivo final de la conservación de la sociedad. Para toda relación singular entre los asociados, el derecho establece el ámbito en que es soberana la voluntad de cada uno de ellos, que toma el nombre de *derecho subjetivo.* Esta delimita-

---

cia de la noción de «eficiencia», representando un claro precedente de las **teorías *praxeológicas*** posteriores. En el lenguaje ***praxeológico,*** se podría decir que la acción que la norma jurídica técnica de Ravà motiva es ***eficiente*** en el sentido de que proporciona los medios eficaces para alcanzar el fin de la coexistencia cíe los hombres en sociedad (Vid. Gianfranco Ferrari, **Il diritto tra regola e azione,** 1988, pp. 111 ss.).

[83] Adolfo Ravà, **Il diritto come norma técnica,** 1911 (ed. 1950, pp. 33-36). Resulta sugerente la analogía entre la tesis de Ravà y la tesis de Petr Stucka. Para Stucka, el futuro derecho de la sociedad comunista tenderá a componerse exclusivamente de reglas técnicas; será un «derecho técnico», un conjunto de instrumentos cuyo fin consistirá en la aplicación del principio «a cada uno según sus necesidades». Así se expresa literalmente Stucka: «la ley no siempre contiene derecho, entendiendo el término en sentido restringido, sino que también contiene una masa de reglas puramente **técnicas;** es más, en el curso de su desarrollo, ***el propio derecho*** (en sentido estricto) se transforma en 'simple' (aunque también compleja) técnica... En la época del NEP hemos dado a la ley una forma de tipo burgués y también tenemos leyes que regulan cuestiones puramente técnicas. Todo ello se entiende fácilmente, pero ante nuestros ojos noray solamente la partición de la ley en jurídica y técnica, sino también la transformación ***del derecho en técnica*** y, viceversa, de la técnica en derecho.... No podemos predecir cuándo se extinguirá el derecho, pero podemos suponer que si sobreviviera alguna regla jurídica, operaría solamente como una norma de contabilidad sobre la base del principio: a cada uno según sus ***necesidades.*** Entonces, no hará falta ya la coacción ni habrá quien pueda usarla porque no habrá ni Estado ni poder estatal. El lugar del derecho lo ocupará la técnica» (Petr I. Stucka, **Diritto-Legge-Tecnica** (1930), 1967, pp. 494-498).

ción de ámbitos de voluntad o derechos subjetivos se hace en base a la concertación de intereses, de tal manera que, respecto a cada relación, se deciden proteger unos intereses determinados, a cuyos titulares se les «asignan» unos determinados campos de acción. El interés como elemento jurídico también presupone para Ravà la existencia de unos *fines* respecto a los cuales las acciones humanas son *medios*, lo que significa que el *medio* que utiliza el derecho *objetivamente* para conseguir el *fin* de la convivencia social constituye a su vez la garantía *subjetiva* para los asociados de un *medio* que es necesario para la consecución de sus fines particulares. Este medio subjetivamente necesario se manifiesta en una determinada libertad de acción y en una determinada eficacia *asignadas* a toda voluntad que persiga un interés. El derecho objetivo no *asigna* los medios para alcanzar los fines particulares, pero los garantiza a través de las facultades subjetivas en las que se proyecta, de tal modo que el individuo es libre para utilizar o no los medios jurídicos a su disposición[84].

1.3.3.2. La crítica parcial de Bobbio

Bobbio ha puesto de manifiesto que la figura del derecho subjetivo resulta ser incompatible para Ravà con las normas éticas, las cuales imponen *categóricamente* acciones como buenas en sí mismas e implican obligaciones, no facultades jurídicamente protegidas. En Ravà, el ordenamiento jurídico aparece globalmente como un instrumento para alcanzar el fin de la paz social que se compone de reglas técnicas, de reglas que sin embargo expresan auténticos deberes jurídicos (deberes

---

[84] Adolfo Ravà, **Il diritto come norma técnica,** 1911 (ed. 1950, pp. 33 ss.). En defensa de su concepción técnica del derecho, Ravà se remontó a Ihering y Stammler, quienes a su juicio construyeron sus teorías a partir del «carácter instrumental, de medio a fin, de las normas jurídicas». Ihering supo para Ravà explicar cómo los fines del ordenamiento jurídico determinan la naturaleza y el desarrollo de todas sus normas e instituciones, en cuyo contexto la acción humana constituye siempre un medio para conseguir un determinado fin (Vid. Rudolf von Ihering, **Der Zweck im Recht** (1877), 1923 (trad. cast.: **El fin en el derecho,** 1978, pp. 21 ss.)). Stammler también partió del carácter instrumental del derecho, de su adecuación al principio de finalidad, aunque las normas jurídicas eran sólo un eslabón más de la «cadena teleológica», cadena de la que no formaban parte las «normas de la tecnología», acordes con el principio de causalidad reinante en la naturaleza (Vid. Rudolf Stammler, **Lehrbuch der Rectsphilosophie,** 1922 (trad. cast.: **Tratado de filosofía del derecho,** 1930, pp. 78 ss.)).

deónticos, no deberes *anankásticos).* Pero entonces no sería fácil diferenciar las reglas jurídicas de las reglas de los juegos, que también pertenecen a ordenamientos normativos *instrumentales.* Bobbio revisa la teoría de Ravà a través de la distinción kantiana entre los imperativos hipotéticos «pragmáticos» o reglas instrumentales con un *fin real,* como las normas jurídicas, y los imperativos hipotéticos «técnicos» o reglas instrumentales con un *fin posible,* como las reglas de los juegos. A diferencia del fin del reglamento de un juego, el fin del derecho es un fin al cual no podemos renunciar porque *todos estamos obligados a jugar al juego del derecho.* No cabría entonces decir, como Ravà, que «*si quieres* vivir en sociedad, debes someterte a la vida en común comportándote tal como las normas jurídicas prescriben», sino, incondicionalmente, que «corno *debes* vivir en sociedad, debes someterte a la vida en común comportándote tal como las normas jurídicas prescriben»[85].

No obstante, Bobbio parece aceptar la tesis *fuerte* de Ravà: la «hipoteticidad» de las normas jurídicas, en contraste con la «categoricidad» de las normas morales. La *voluntad jurídica* se diferencia de la *voluntad moral* en que puede tener motivos distintos del puro respeto al orden del que emana. En tanto que libertad externa, la voluntad jurídica viene determinada por la coacción que pueden ejercer los titulares de las restantes libertades externas, por lo que es una voluntad heterónoma. Y, basándose en Kant[86], Bobbio argumen-

---

85 Norberto Bobbio, **Teoría della norma giuridica,** 1958, pp. 139 ss.

86 La correlación entre heteronomía e «hipoteticidad», y entre autonomía y «categoricidad», parece clara en Kant: «Si la voluntad busca la ley ***en alguna otra parte*** que no sea la capacidad de sus máximas para constituir una legislación universal propia -y, por tanto, si superándose a sí misma, la busca en la naturaleza de algún objeto que deba determinarla- deriva de ella una ***heteronomía.*** La voluntad no se da entonces una ley a sí misma, sino que el objeto da la ley a la voluntad mediante su relación con ella. Esta relación, basada en una inclinación inmediata o en representaciones de la razón, no hace en cualquier caso posibles más que imperativos hipotéticos: debo hacer alguna cosa ***porque quiero conseguir otra.*** Por el contrario, el imperativo moral, y por ello categórico, dice: debo actuar de una determinada manera, prescindiendo de cualquier otra cosa que yo quiera... El imperativo categórico debe, entonces, hacer abstracción de cualquier objeto de modo que el objeto no tenga ninguna ***influencia*** sobre el querer, y la razón práctica (voluntad) no se limite a administrar intereses externos, sino que muestre exclusivamente su propia capacidad de mandato como legisladora suprema» (Immanuel Kant, **Grundlegung zur Methaphysik der Sitten,** 1785 (ed. 1994, pp. 174-176; **Fundamentación de la metafísica de las costumbres,** 1990, pp. 113-114)).

ta que la heteronomía de las normas jurídicas implica su hipoteticidad. Si una voluntad se determina por un objeto externo, y es por tanto heterónoma, «es signo de que el imperativo no ha prescrito una acción buena en sí misma», como hacen los imperativos categóricos morales, sino una acción cuyo cumplimiento se hace depender «de la voluntad de alcanzar el objeto externo al propio deseo». El deber jurídico consiste así en la facultad externa de obligar a cumplir las normas jurídicas, que no se formulan categóricamente («Debes hacer X»), sino hipotéticamente («Si quieres evitar una consecuencia jurídica desfavorable, debes hacer X»)[87].

1.3.3.3. El contractualismo técnico

Ravà llega a afirmar que la libertad intrínseca del derecho se traduce conceptualmente en la exigencia de que el ordenamiento jurídico no se deba aplicar a quien no quiera aceptarlo. Como «mandato condicionado», las normas establecen que *si* se quiere estar en sociedad, se deben cumplir las condiciones de la vida en común que se plasman en los comportamientos que regulan. El derecho no ordena de forma absoluta, subraya Ravà, sino sólo a quienes «han declarado o demostrado querer estar en sociedad». Es más, la obligatoriedad del derecho, en tanto que *medio* para el logro de un *fin,* tiene su origen en la sumisión voluntaria colectiva y recíproca de todos los integrantes de la sociedad, y a nada lleva que algunos decidan aceptar los presupuestos jurídicos básicos si esa decisión no se comparte por los restantes componentes de la sociedad. Ravà parece así desembocar de forma paradójica en una especie de *contractualismo técnico,* puesto que el derecho surge para él de las voluntades de los individuos de someterse a las condiciones de existencia de la sociedad en tanto que estas voluntades se fundan en una voluntad superior ideal. Este *«acto de voluntad colectivo,* confirmando la condición de la norma técnica, transforma el mandato de condicionado a absoluto. La naturaleza técnica (esto es, de medio a fin) de la norma jurídica exige que no se aplique a quien no se adhiera a su fin capital. Por ello nada es más contrario al derecho que mantener coactivamente a una serie de individuos den-

---

87 Norberto Bobbio, **Diritto e stato nel pensiero di Emanuele Kant,** 1957, pp. 104 ss.

tro de una determinada comunidad jurídica, como durante tanto tiempo ha ocurrido, y sigue ocurriendo todavía»[88].

Sin embargo, el «contractualismo técnico» de Ravà es meramente teórico. El *prius* lógico e histórico del ordenamiento jurídico es para él la renuncia voluntaria a la libertad natural, pero cuando esta renuncia se *presupone* aparece el derecho, que, aunque técnico y condicionado, entraña obligaciones que ya sí son incondicionales y absolutas. Por consiguiente, Ravà termina por aceptar de forma aparentemente contradictoria que no es posible en la práctica eludir el fin jurídico de la convivencia social porque la sumisión al derecho no exige un acto de aceptación explícita por parte de sus destinatarios, sino que se presupone implícitamente. La obligatoriedad jurídica se deduce así para Ravà de cuatro premisas: a) el derecho es norma técnica; indica el medio para alcanzar el fin de la conservación de la sociedad; b) las normas técnicas «tienen la sanción natural de la no consecución del fin respecto al cual constituyen el medio»; las normas técnicas jurídicas «tienen la sanción natural del desmoronamiento de la sociedad»; c) en las normas técnicas jurídicas la condición que las hace *a priori* hipotéticas se verifica, lo que convierte al deber jurídico en absoluto e incondicional; d) el deber jurídico absoluto e incondicional «refleja el compromiso colectivo tácito de aceptación del derecho»[89].

1.3.4. Instrumentalismo e iusnaturalismo

La concepción del derecho como norma técnica es para Ravà el único método de explicación y justificación del derecho natural. No hay una «moral natural», pero sí hay un derecho natural porque las normas jurídicas son reglas técnicas, y como reglas técnicas derivan de las proposiciones científicas de la naturaleza. El derecho, como «ciencia aplicada compuesta de normas técnicas», debe basarse según Ravà en la ciencia natural correspondiente, en «la ciencia de la sociedad». El legislador debe conocer y tener presentes las leyes de la vida social, es decir, las condiciones de existencia de la sociedad, condiciones determinadas por la propia *naturaleza* de la sociedad. Y lo que estas condiciones tienen de general y de común a todas las socie-

88 Adolfo Ravà, **Il diritto come norma técnica,** 1911 (ed. 1950, pp. 46-48).
89 Adolfo Ravà, **Il diritto come norma tecnica,** 1911 (ed. 1950, pp. 48-49).

dades da lugar a principios jurídicos fijos y universales que todo derecho deberá seguir: «estos principios son justamente leyes naturales de la vida social invertidas a fines prácticos: bien pueden entonces llamarse, por su derivación directa, *naturales*. Tienen toda la universalidad y todo el carácter absoluto de leyes de naturaleza»[90].

Si la norma jurídica es sólo *medio*, para precisar su naturaleza es necesario a juicio de Ravà profundizar en su *fin*, la «sociedad jurídica». Habrá que analizar qué tipos de «asociaciones entre individuos» cumplen las condiciones de constitución de una sociedad jurídica. En palabras de Ravà, «el concepto de sociedad jurídica se determina *cuantitativamente* por los individuos a los que se extiende, y *cualitativamente* por la naturaleza del vínculo que debe ligar a estos individuos». Desde el primer punto de vista, la sociedad jurídica no puede ser, como aspiraba Spinoza, una sociedad universal, una sociedad acorde con el principio universal de orden implícito en el concepto de *cosmos*, como contrapuesto al concepto de caos. En tanto que norma de conducta, el derecho sólo puede dirigirse a agentes racionales, por lo que las sociedades jurídicas no pueden englobar a «todos los seres del universo», sino sólo a los seres humanos, y en particular cada sociedad jurídica a los hombres «con comunidad de sentimientos, de lenguaje, de cultura, de afectos». Desde el segundo punto de vista, el vínculo jurídico se diferencia de otros vínculos normativos (vínculos como los que derivan de los usos sociales, de las reglas de los juegos o incluso de las normas de una banda mafiosa) por el específico fin que persigue el derecho a través de sus normas-medios: la existencia y mantenimiento de la sociedad[91].

---

90 Adolfo Ravà, **Il diritto come norma tecnica,** 1911 (ed. 1950, pp. 51-52).

91 Adolfo Ravà, **Il diritto come norma tecnica,** 1911 (ed. 1950, pp. 53 ss.). Las normas que respaldan la existencia de asociaciones contrarias al derecho son para Ravà cualitativamente distintas de las normas jurídicas, pero las presuponen: «...las presuponen en tanto que las asociaciones que persiguen fines particulares contrarios a las condiciones generales de existencia de la sociedad no los perseguirían si estas condiciones generales no estuvieran aseguradas. Y ello muestra todavía mejor su naturaleza no jurídica. Las leyes de una banda de ladrones aseguran las condiciones para la existencia de la banda, pero no las condiciones para la existencia de la sociedad; sin embargo, la banda puede existir como tal en tanto que haya una sociedad a la que robar, la cual continúa existiendo a pesar de la acción contraria de la propia banda mientras se aseguren las condiciones para su existencia» (Ibid, p. 65).

Es así como en Ravà, llamativamente, la teoría del derecho como regla técnica se complementa con el principio de eticidad del derecho. «Técnica significa medio para un fin», subraya Ravà, por lo que el valor de una norma técnica está indisolublemente relacionado con el valor ético del fin que se pretende alcanzar. Si el derecho es sólo el medio para el mantenimiento de la sociedad, todo su valor depende del carácter ético de los fines jurídicos, de la eticidad de la sociedad jurídica: «Todo el derecho se apoya en la ética. La ética ilumina y guía y domina toda la vida del derecho, la cual no puede ser por tanto confiada más que a un organismo ético»[92]. El «problema del ordenamiento jurídico», en tanto que **medio,** se «soluciona» resolviendo el problema delfín, es decir, aceptando la existencia de un deber moral de estar en sociedad: «dado que existe una ética, esta ética no puede ser más que una ética social; si se admite que hay unos fines éticos por alcanzar, unos valores éticos por realizar, y que el hombre tiene el deber de trabajar por estos fines, entonces tiene también el deber de estar en sociedad»[93].

---

[92] Adolfo Ravà, **Il diritto come norma tecnica,** 1911 (ed. 1950, pp. 92-93).

[93] Adolfo Ravà, **Il diritto come norma tecnica,** 1911 (ed. 1950, p. 94). Con frecuencia se ha tratado de poner de manifiesto el carácter contradictorio de la concepción de Ravà del derecho como medio que persigue fines éticos. A juicio de Perticone, Ravà traduce la relación dialéctica entre derecho y moral en relación entre derecho y Estado, entre el derecho como «conjunto de normas técnicas que establece continuamente exigencias éticas», y el Estado como «organismo ético que tiende continuamente a tecnicicarse (*tecnicizzarse)* en la forma del derecho». Pero esta dialéctica entre lo ético y lo jurídico tropieza con la dificultad de que si la norma jurídica es instrumental, su «tecnicidad» se extiende a las demás formas de actividad del Estado, con lo que la relación entre derecho y Estado deja de ser de medio a fin, y pasa a ser de medio a medio (Giacomo Perticone, **Il diritto e lo stato nel pensiero italiano contemporáneo,** 1950, pp. 121 ss.). También Poggi había criticado a Ravà por utilizar «procedimientos originales, pero injustificables», para armonizar la «*tecnicidad*» del derecho con su *moralidad.* Para Poggi, el derecho, aunque *medio* en su forma objetiva en tanto que instrumento para la consecución del *fin* de la conjunción de las libertades individuales, es *en esencia* un imperativo categórico (Alfredo Poggi, **Il concetto del diritto e dello stato nella filosofia giuridica italiana contemporanea,** 1933, pp. 108 ss.) Fassò, por el contrario, opuesto al dualismo metódico kantiano, parece en algunas de sus obras aceptar con Ravà la «tecnicidad» o instrumentalidad de las normas jurídicas sin salir del iusnaturalismo (Guido Fassò, **Legge naturalistica e legge pratica,** 1953, pp. 312 ss.; **Legge descrittiva e legge prescrittiva,** 1974, pp. 263 ss.). Cfr. Norberto Bobbio, **Teoria della norma giuridica,** 1958,139 ss.;

1.3.5. Las conclusiones contradictorias de Ravà

Ravà llega a afirmar que el hombre es una mera abstracción si no existe el «consorcio social». La sociedad es la condición para el cumplimiento de todo deber moral, de forma que los valores éticos son por su propia naturaleza valores sociales. Pero no tiene sentido oponer las «elevadas, nobles» normas morales a las «incoloras, innobles» reglas técnicas jurídicas. Ravà pone en cuestión la distinción kantiana entre la legalidad, como conformidad externa con una norma, y la moralidad, como conformidad interna. Su conclusión es extrema y contradictoria con sus propios presupuestos: en cierto modo, todas las normas reguladoras de los actos humanos son técnicas en el sentido de que ordenan un acto en tanto que produce un determinado efecto; ni las normas jurídicas, ni tampoco las normas éticas prescriben acciones como buenas en sí mismas: «La bondad que las acciones morales pueden conllevar en sí mismas no es otra que la que deriva de que se realizan por sentimiento de deber. Pero no es concebible una norma que diga solamente: obedéceme por el deseo de obedecerme; hace falta que la norma indique una acción determinada a realizar. Y una acción determinada es siempre un medio para obtener un fin»[94].

El círculo de la argumentación de Ravà se cierra entonces a través de la tesis, opuesta a sus primeras premisas, de que todas las normas de conducta, incluidas las normas éticas, son reglas técnicas, reglas que no se deben seguir por su bondad intrínseca, sino por su

---

Nereo Tabaroni, **La terza via neokantiana,** 1987, pp. 68 ss.; Giampaolo Azzoni, **Cognitivo e normativo: il paradosso delle regole tecniche,** 1991, pp. 64 ss.; Gianfranco Ferrari, **Il diritto tra regola e azione,** 1988, pp. Ili ss. Entre nosotros, vid. Antonio E. Pérez Luño, **Iusnaturalismo** y **positivismo jurídico en la Italia moderna,** 1971, quien destaca del pensamiento de Ravà la consideración de los principios supremos reguladores del comportamiento humano como ideal hacia el que deben tender las reglas técnicas de las diferentes fases históricas, con lo que el Derecho natural quedaría como «mero criterio ideal a tener en cuenta en la específica significación técnica de los fenómenos jurídicos» (pp. 95-96).

94 La tesis de la imposibilidad de una acción materialmente buena en sí misma es para Ravà «el lado sano del utilitarismo», que se remonta al propio Sócrates: «Esta tesis fue siempre afirmada por Sócrates, quien decía bromeando que conocía cosas buenas para la fama o buenas para el mal de ojos o para la fiebre, pero no conocía cosas buenas en sí mismas» (Adolfo Ravà, **II diritto come norma técnica,** 1911 (ed. 1950, pp. 107-110)).

carácter instrumental respecto a los fines que persiguen[95]. Las reglas técnicas prescriben conductas para la hipótesis de que se desee alcanzar un fin, y esta hipótesis se materializa según Ravà si se desea alcanzar un segundo fin superior respecto al cual el primer fin es a su vez un medio. Así ocurre sucesivamente, de tal modo que medios y fines forman una cadena instrumental que desemboca en el «fin último», en el «bien supremo», en el «ideal ético» sin el cual son inútiles todas las reglas técnicas previas. A la *moralidad* le corresponde construir este ideal ético, que sin embargo se concreta en acciones que siguen reglas técnicas. «La acción es siempre técnica, es siempre medio para un fin», afirma Ravà, y su valor moral consiste en su inclusión en una «serie teleológica» que culmina con la consecución del fin último y supremo. El valor moral está para Ravà «en el impulso, en la voluntad, en todo el elemento práctico de la personalidad humana, en tanto que tiende y se dirige hacia el fin supremo»; por el contrario,

---

[95] El propio Ravà reconoce que su conclusión («todas las normas de conducta son reglas técnicas, son medios para el logro de fines; ninguna norma de conducta es un fin en sí mismo») contradice su tesis previa («las normas jurídicas son técnicas, hipotéticas, son medios para el logro de fines; las normas éticas son categóricas, son fines en sí mismos»). En sus propias palabras: «Nuestra conclusión destruye la distinción de la que hemos partido, que queda como mero instrumento tras haber cumplido su función. Su valor ha sido el de un principio heurístico que nos ha ayudado potentemente a conducir el análisis, pero que en un determinado momento hemos tenido que reexaminar críticamente para que el propio análisis sea completo» (Adolfo Ravà, **Il diritto come norma técnica, 1911** (ed. **1950**, p. **120)).** El proceso teórico evolutivo de Ravà recuerda al de John L. Austin en **How to do Things with Words (1962),** al de John R. Searle en **Speech Acts (1969)** y al de Gaetano Carcaterra en **La forza costitutiva delle norme (1979):** Austin, tras comenzar distinguiendo entre *enunciaciones lingüísticas constatativas* y *enunciaciones lingüísticas performativas,* termina afirmando que todas las enunciaciones son performativas (para Austin, las enunciaciones constatativas consisten en la realización de la acción *performativa* de constatar; el mismo desarrollo argumentativo encontramos en Alf Ross: **The Rise and Fall of the Doctrine of Performatives, 1972,** pp. **197** ss.); Searle, tras comenzar distinguiendo entre *reglas constitutivas y reglas regulativas,* termina afirmando que todas las reglas regulan (para Searle, las reglas constitutivas son reglas que «definen y *regulan* nuevas formas de conducta»); Carcaterra, inversamente a Searle, tras comenzar distinguiendo entre *normas regulativas* y *normas constitutivas,* termina afirmando que todas las normas son constitutivas (para Carcaterra, las normas regulativas también crean y *constituyen* nuevas realidades normativas).

las normas, como el propio intelecto, sólo pueden ser medios de la moralidad, instrumentos de la moralidad[96].

2. El deber deóntico en términos anankásticos

La interpretación en términos anankásticos del deber deóntico se intuye ya en las **Investigaciones Lógicas** de Edmund Husserl, en las que las «proposiciones normativas» (*normative Satze*) se *reducen* a proposiciones condicionales: a proposiciones que expresan condiciones necesarias, a proposiciones que expresan *condiciones suficientes* o a proposiciones que expresan *condiciones necesarias y suficientes*. Así lo afirma textualmente Husserl: «Se denomina normativa toda proposición que con referencia a una valoración general básica y al contenido de la correlativa pareja de predicados valorativos, expresa las condiciones necesarias, las condiciones suficientes o las condiciones necesarias y suficientes para la posesión de alguno de dichos predica-

---

[96] Adolfo Ravà, **II diritto come norma técnica, 1911** (ed. **1950,** pp. **110** ss). Así concluye literalmente Ravà: «La norma, como el intelecto, no puede ser más que medio, más que instrumento de la moralidad: la moralidad debe dirigirse directamente al elemento práctico puro, sin mediación del elemento teórico: es por ello que la moralidad no es norma, sino que es impulso, es tendencia, es aspiración hacia un fin y hacia un ideal: *ley moral,* esta expresión tan difusa como el concepto que le corresponde, se manifiesta entonces como una *contradictio in adiecto*» (ibid, p. **112).** La tesis de Ravà es en cierto modo inversa respecto a la de Radbruch, para quien la norma es *fin* y el imperativo es *medio* para lograr el fin normativo: «El precepto «¡Cumple tu deber!» es un imperativo en cuanto que es y opera, una norma en cuanto significa y vale; imperativo en cuanto por él se ejecuta un querer, una norma en cuanto por él se enuncia un deber ser; ambas cosas unidas ciertamente en el precepto antes citado, pero de ninguna manera siempre igual en otros casos. La norma es una no realidad que quiere ser realizada, el imperativo es una realidad que quiere actuar. *La norma pretende ser fin, el imperativo sólo medio para un fin.* La norma como fin no se satisface sino cuando ha sido cumplida ella misma, el imperativo como simple medio para un fin, termina cuando su fin se cumple, sea por su propia fuerza motivadora, sea «sin su intervención» por la existencia de una motivación operante en una dirección paralela. *La norma exige una conducta de acuerdo con ella, por motivos de conformidad con la norma; al imperativo satisface una conducta conforme a él, sea como quiera motivada.* Con otras palabras: la norma exige moralidad, el imperativo legalidad; sin embargo, aun para esta forma secundaria, imperativista del derecho, no es la legalidad un modo de obligar, ya que la esencia de un imperativo no reside en obligar, sino en determinar, no en valer, sino en actuar» (Gustav Radbruch, **Grundzüge der Rechtsphilosophie, 1914** (trad. cast.: **Filosofía del derecho, 1933,** pp. 58-59)).

dos. Una vez que hemos llegado valorativamente a establecer una distinción entre «bueno» y «malo» en determinado sentido y por ende en determinada esfera, nos interesa naturalmente averiguar qué circunstancias, qué cualidades externas o internas garantizan o no la bondad o la maldad en dicho sentido; qué cualidades no deben faltar para poder otorgar a un objeto de esa esfera el valor de bueno, etc.»[97]. Tras fijar el contenido constitutivo de lo que debe valorarse como bueno y como malo, habrá que proceder a juicio de Husserl a analizar «las condiciones próximas y remotas, necesarias y suficientes», de los predicados relativos que determinan constitutivamente el contenido «de lo mejor y de lo peor, y por último de lo relativamente óptimo»[98].

---

[97] Edmund Husserl, **Logische Untersuchungen** (1900-1901), 1928, pp. 43 ss. (trad. cast.: **Investigaciones lógicas,** 1976, pp. 62 ss.). Al analizar los sentidos de los enunciados en términos de «deber» («Sollen»), Husserl destaca un sentido «independiente de deseos, peticiones, mandatos o actos de voluntad». Este sentido de «deber» no determinado por «un acto de posición» hace referencia a las condiciones (necesarias, suficientes o necesarias y suficientes) que debe cumplir un objeto para poseer un predicado valorativo positivo, al concepto valorativo o axiológico de un objeto. En palabras de Husserl, «un A *debe* ser B en el sentido de que pertenece a la esencia de A ser B». Todo carácter constitutivo B del A «bueno» da origen a un enunciado de la forma «un A debe ser B», y, recíprocamente, la proposición *normativa* «un A debe ser B» *implica* la proposición *teórica* «sólo si A es B posee la cualidad positiva C», que en términos anankásticos se reformularía como «para poseer la cualidad positiva C, un A debe ser B». Kelsen pareció desconocer este sentido «esencial» o «eidètico» de «aeber» cuando criticó la idea de Husserl de que el concepto de «norma» va más allá de la noción de «acto de voluntad» (vid. Hans Kelsen, **Eine phänomenologische Rechtstheorie,** 1965, pp. 405 ss.; **Allgemeine Theorie der Normen,** 1979, pp. 136 ss. y 284 ss.). Cfr. Norberto Bobbio, **L'indirizzo fenomenologico nella filosofia sociale e giuridica,** 1934; Carlos Cossio, **Las posibilidades de la lògica jurídica según la lógica de Husserl,** 1951, pp. 201 ss.; Carlos Cossio, **La norme et l'impératif chez Husserl,** pp. 145 ss.; Paul Amselek, **Méthode phénoménologique et théorie du droit,** 1964; Georges Kalinowski, **La logique des normes d'Edmund Husserl,** 1965, pp. 107 ss.; Georges Kalinowski, **La logique des valeurs d'Edmund Husserl,** 1968, pp. 267 ss.; Jean M. Gabaude, **Une philosophie eidétique du droit,** 1978, pp. 258 ss.; Giuliana Stella, **Hans Kelsen e Edmund Husserl,** 1990, pp. 211 ss.; Giuseppe Lorini, **Anankastico in deontica,** 1993, pp. 134 ss.

[98] Se llega así a la *norma fundamental,* que para Husserl se manifiesta en el imperativo categórico kantiano o en la regia utilitarista «la mayor felicidad posible del mayor número posible». Husserl señala que la norma fundamental «es el correlato de la definición de lo 'bueno' y lo 'mejor'», por lo que establece el principio que debe seguir toda actividad normativa, pero por ello

Posteriormente, el deber deóntico aparecerá reformulado en términos anankásticos en la fundamentación lógica de la ética de Arthur N. Prior, en la lógica deóntica disyuntiva de Aldo Visalberghi, en la lógica de los descriptores de Richard M. Hare, en la teoría de los enunciados normativos declarativos de Theodor Geiger, en la refundación ética de la lógica deóntica de Stig Kanger y, de forma particularmente relevante, en la lógica deóntica condicional de Georg H. von Wright.

2.1. El deber deóntico en términos anankásticos en la *fundamentación lógica de la ética* de A. N. Prior

La posibilidad de reducción anankástica de deberes puramente deónticos es sugerida por Arthur Prior en su ensayo **The Ethical Copula,** en el que interrelaciona el concepto lógico de «modalidad deóntica» con el concepto gramatical de «cópula», y afirma que las «aserciones de *obligación*» son «aserciones de *necesidad* de tipo relativo o hipotético». Prior resalta que el término «deber» *(ought)* se usa con frecuencia para expresar una necesidad hipotética: «Por ejemplo, un ladrón puede decirle a otro que *si quiere abrir* una caja fuerte *debe* llevar una linterna, y esto puede significar simplemente que *para abrir* la caja fuerte **es necesario** llevar una linterna». Es más, esta reinterpretación anankástica de «deber» puede considerarse dominante, lo cual explica a juicio de Prior la existencia de teorías (en particular, Prior alude a Anderson y a Mackie[99]) para las que «deber»

mismo no representa propiamente una proposición normativa: «La relación de la norma fundamental con las proposiciones propiamente normativas es análoga a la que existe entre las llamadas definiciones de la serie numérica y tos teoremas aritméticos sobre relaciones numéricas que se basan en ellas. Cabría designar también la norma fundamental como la «definición» del concepto del bien respectivo -por ejemplo, del bien moral-; pero ello supondría abandonar el concepto lógico habitual de la definición» (Edmund Husserl, **Logische Untersuchungen** (1900-1901), 1928, p. 44 (trad. cast.: **Investigaciones lógicas,** 1976, p. 63)).

[99] Anderson, sin embargo, aunque partiendo de la posibilidad de reinterpretación anankástica del deber deóntico, se centrará posteriormente en su reformulación en términos aléticos. Para Anderson, se puede afirmar que «**p** es obligatorio si y sólo si su negación implica estrictamente **p**» (donde **p** describe un estado de cosas rechazable), y que «**p** está prohibido si y sólo si implica estrictamente **p**». De esta forma, Anderson reduce la lógica deóntica a lógica modal alética; es decir, define el operador modal del deber deóntico mediante los operadores modales aléticos. La obligación se reduce a necesidad alética de manera que afirmar que **p** es obligatorio equivale a afirmar que

significa siempre «lo necesario para la satisfacción de algún deseo o la consecución de algún fin, aunque este deseo o este fin no se expresen o ni siquiera estén presentes en la mente del hablante»[100].

Todas las proposiciones universales pueden para Prior reducirse a proposiciones hipotéticas. «Todo S es P» o «Todo lo que sea S es P» equivale a «Si algo es S, entonces es P». Y, análogamente, los imperativos categóricos pueden ser reducidos a imperativos hipotéticos. «Todo S debe ser P» o «Todo lo que sea S debe ser P» equivale a «Si algo es S, entonces debe ser P». «Debes cumplir tus promesas»

---

su ausencia determina el estado de cosas rechazable **p**; la prohibición se reduce a imposibilidad alética de manera que afirmar que **p** está prohibido equivale a afirmar que su presencia determina el estado de cosas rechazable **p**; la permisión se reduce a posibilidad alética de manera que afirmar que **p** está permitido equivale a afirmar que ni su presencia ni su ausencia determinan ningún estado de cosas rechazable (Alan R. Anderson, **A Reduction of Deontic Logic to Alethic Modal Logic,** 1958, pp. 102 ss.; **The Logic of Norms,** 1958, pp. 84 ss.). Por su parte, Mackie también parecerá posteriormente más interesado en profundizar en la reinterpretación ***epistémica*** del deber deóntico, plasmada en enunciados epistémicos como «***deben*** haber llegado ya a París» (que significa realmente «pienso que ya han llegado a París»), «***deben*** ser las dos menos cuarto» (que significa realmente «pienso que son aproximadamente las dos menos cuarto»), etc., que son enunciados **sólo sintácticamente** deónticos. Mackie habla asimismo del «deber moral» y del «deber de los imperativos hipotéticos», y subraya que entre ellos no hay claras diferencias semánticas, sino que se trata sólo de diferentes modos de expresar que algo es obligatorio: a través de imperativos ***hipotéticos,*** en los que «un deseo, un fin o un ideal que el agente tiene exige una determinada acción para su cumplimiento, partiendo de un concreto estado ae cosas y de una relación causal relevante», o a través de imperativos morales, ***categóricos*** (John L. Mackie, **Ethics. Inventing Right and Wrong,** 1977, pp. 73 ss.; cfr. **Causes and Conditions,** 1965, pp. 245 ss.). Cfr. Willard O. Quine, **From a logical pomt of view,** 1953, pp. 84 ss.; Prior, **Escapism: the logical Basis of Ethics,** 1958, pp. 135 ss.; Héctor N. Castañeda, **Obligation and modal logic,** 1960, pp. 40 ss.; Georg H. von Wright, **Norm and Action,** 1963, pp. 159 ss.; Ota Weinberger, **Pnilosophische Studien zur Logik,** 1964, pp. 36 ss.; Georges Kalinowski, **Sur l'analogie entre le déontique et l'alétihique,** 1988, pp. 45-65; David Braybrooke, **The Conditions on Which Rules Exist,** 1989, pp. 194 ss.; entre nosotros, Juan R. Capella, **El derecho como lenguaje,** 1968, pp. 200 ss.; Miguel Sánchez-Mazas, **Cálculo de las normas,** 1973, pp. 52 ss.; Jesús Rodríguez Marín, **La reducción de la lógica deóntica a lógica modal,** 1976, pp. 99 ss.; Francisco J. Salguero, **La interpretación de las normas: lógica deóntica y sistemas modales mixtos,** 1994, pp. 611 ss.; Juan C. Bayón, **Deber jurídico,** 1996, pp. 314 ss.

[100] Arthur N. Prior, **The Ethical Copula,** 1951, pp. 137 ss.

significa ajuicio de Prior lo mismo que «Si has prometido hacer algo, entonces debes hacerlo». No existe así ninguna obligación «al margen de las circunstancias», tal como pretendía Kant, sino que por el contrario las circunstancias son siempre, en mayor o menor grado, el elemento definitorio de la clase de actos «obligatorios». Por ejemplo, afirma Prior, «No debes mentir» significa «Si piensas que algo que digas engañará a alguien, no debes decirlo», y este último enunciado sólo *contaría como imperativo categórico* en el mismo sentido en el que podría *contar* como tal el enunciado «Si algo contribuye a la felicidad general debes hacerlo» (equivalente a «Debes hacer lo que contribuya a la felicidad general») o incluso el enunciado «Si tu deseo de que ocurra X es mayor que tu aversión a hacer Y, y hacer Y es el único modo de conseguir que ocurra X, debes hacer Y»[101].

Las únicas obligaciones categóricas, desde un punto de vista estrictamente lógico, son entonces las relativas a individuos particulares y situaciones particulares, como «Debo pagarle ahora a Juan lo que me prestó». Estas obligaciones pueden derivarse de obligaciones *generales* o de reglas morales, o lo que es lo mismo para Prior, de imperativos *hipotéticos* a los que se añade una *premisa categórica* para contextualizarlos:

«Si un crédito vence un determinado día, debe pagarse ese mismo día»

---

[101] Arthur N. Prior, **Logic and the Basis of Ethics,** 1949, pp. 39-40. Entre nosotros, Gregorio Robles ha defendido una posición similar al considerar que ***toda norma es hipotética,*** que no existen normas categóricas al igual que tampoco existen deberes categóricos, sino sólo deberes contextualizados, condicionados, dependientes de que ocurran determinadas hipótesis. Llamativamente, Robles afirma asimismo que una regla técnica puede ser el objeto de un deber deóntico y, en consecuencia, de la norma que ***expresa*** el deber deóntico: «es preciso reconstruir el significado de las expresiones ***tener que*** *y* ***deber ser*** dotando a la primera la estricta significación que tiene en las reglas técnico-causales, en las que la noción de deber se da por naturalmente excluida... Toda regla técnica consiste en la ordenación de los medios necesarios para alcanzar el fin propuesto, y no expresa un ***deber,*** sino un ***tener que.*** Pero el ***tener que*** puede ser precisamente el objeto del ***deber*».** Reglas técnicas como aquéllas cuyo conocimiento se exige al profesional de una especialidad «son a su vez objeto de normas, por ejemplo morales y jurídicas en el caso del ingeniero, que le obligan (moral y jurídicamente) a la aplicación correcta de las técnicas necesarias para la construcción». Vid. Gregorio Robles, **Las Reglas del Derecho** y **las Reglas de los Juegos,** 1984, pp. 173-174 y 185 ss.

«El crédito X vence hoy»

«El crédito X debe pagarse hoy»

Sin la premisa mayor no se podría obtener una *conclusión ética,* ya que la premisa menor no dice nada respecto a lo que es obligatorio. Y sin la premisa menor no se podría obtener una *conclusión categórica,* ya que la premisa mayor es condicional. La conclusión es tan categórica como la de las inferencias construidas a partir de la regla «debemos actuar de forma que satisfagamos nuestros deseos»:

«Si tu deseo de que ocurra X es mayor que tu aversión a hacer Y, y hacer Y es el único modo de conseguir que ocurra X, debes hacer Y»

«Hacer Y es el único modo de conseguir que ocurra X»

«Debes hacer Y»

En el ejemplo de Prior, la regla se aplica en un contexto concreto:

«Si el deseo de tener mejor salud es mayor que la aversión a madrugar, y madrugar es el único modo de conseguir tener mejor salud, se debe madrugar»

«El deseo de tener mejor salud es mayor en Mr. A que su aversión a madrugar, y sólo puede tener mejor salud madrugando»

«Mr. A debe madrugar»

La conclusión es para Prior tan categórica como «El crédito debe pagarse hoy». Las dudas que podamos tener respecto a la verdad de «Mr. A debe madrugar» no tienen nada que ver con su carácter categórico, sino que proceden a su vez de las dudas que tengamos respecto de la verdad de la premisa mayor. Arremetiendo contra la tipología kantiana de los imperativos, Prior señala que lo relevante no es la distinción entre «si quieres X, debes hacer Y» y «si has prometido hacer Y, debes hacer Y», la distinción entre el deber *hipotético* y el deber *categórico,* el cual es siempre reductible hipotéticamente, sino la distinción entre cualquiera de estos dos enunciados y «si no haces Y, no conseguirás lo que quieres», que es un enunciado totalmente *causal,* y no es imperativo ni obligatorio (ni siquiera condicionalmente obligatorio) como los dos anteriores[102].

---

[102] Arthur N. Prior, **Logic and the Basis of Ethics,** 1949, pp. 40 ss. (cfr. Arthur N. Prior, **Time and Modality,** 1957, pp. 140 ss.; **Escapism: the logical Basis of Ethics,** 1958, pp. 135 ss.; **Imperatives and Truth,** 1968, pp. 291 ss.).

2.2. El deber deóntico en términos anankásticos en la *lógica deóntica disyuntiva* de A. Visalbergui

En su obra **Esperienza e valutazione,** Aldo Visalbergui profundizó en la formalización del deber deóntico a través del lenguaje de la lógica proposicional. Visalbergui *redujo* las reglas regulativas o deónticas a enunciados mixtos compuestos de dos elementos disyuntivos: el contenido de la regla y la consecuencia de su transgresión. El deber de realizar una determinada acción **(Op)** pasa así a expresarse como descripción disyuntiva **(p** v **q):** o se realiza la acción **p** o se da el estado de cosas **q** previsto como consecuencia de su transgresión. La descripción disyuntiva p v **q** es para Visalbergui equivalente al enunciado condicional **-p → q:** si no es el caso que se realiza la acción **p,** entonces es el caso que se da el estado de cosas **q** previsto como consecuencia de su transgresión. Y este enunciado condicional se puede reformular anankásticamente: la no realización de la acción **p** es *condición necesaria* de la presencia del estado de cosas **q,** o lo que es lo mismo, la realización de la acción **p** es *condición suficiente* de la ausencia del estado de cosas **q;** como *inferencia práctica* individual, se puede concluir que el destinatario de la norma *debe* no realizar **p** si quiere que ocurra **q,** o lo que es lo mismo, que basta que realice **p** para que no ocurra q[103].

Análogamente, la prohibición de realizar una determinada acción **(Fp)** también se puede expresar como descripción disyuntiva **(-p** v **q):** o no se realiza la acción **p** o se da el estado de cosas **q** previsto como consecuencia de la transgresión de la prohibición. La descrip-

---

[103] Aldo Visalbergui, **Esperienza e valutazione,** 1958, pp. 40 ss. Visalberghi se basa en la ***logica de los imperativos*** de Herbert Bohnert **(The Semiotic Status of Command,** 1945, pp. 310 ss.) , quien, partiendo del «isomorfismo funcional» entre mandatos y enunciados declarativos, interpreta los «mandatos técnicos» o reglas técnicas como enunciados descriptivos disyuntivos. Un «mandato técnico» expresa para Bohnert el deber de actuar de una determinada forma para poder conseguir un determinado fin: **0(p → q)** significa entonces que **p** es una condición causalmente necesaria para alcanzar el fin **q.** El «isomorfismo funcional» de Bohnert es ampliado por Visalbergui a los deberes deónticos, de tal modo que el cumplimiento del deber condiciona la no imposición de la sanción establecida por su transgresión (Cfr. Aldo Visalberghi, **Forma logica e contenuto empirico negli enunciati valutativi. La logica degli imperativi e delle norme,** 1956, pp. 424 ss.). Sobre Visalerghi, vid. Giuseppe Lorini, **Anankastico in deontica,** 1993, pp. 132 ss.

ción disyuntiva **-p** v **q** es asimismo equivalente al enunciado condicional **p** → **q:** si es el caso que se realiza la acción **p**, entonces es el caso que se da el estado de cosas **q** previsto como consecuencia de la transgresión de **Fp.** Este enunciado condicional se reformula anankásticamente de la siguiente forma: la realización de la acción **p** es *condición necesaria* de la presencia del estado de cosas **q**, o lo que es lo mismo, la no realización de la acción **p** es *condición suficiente* de la ausencia del estado de cosas **q**; como *inferencia práctica* individual, se puede concluir que el destinatario de la norma *debe* realizar **p** si quiere que ocurra **q**, o lo que es lo mismo, que basta que no realice **p** para que no ocurra q[104].

Sin embargo, desde Kelsen se suele afirmar que la relación entre la transgresión de la norma jurídica y su consecuencia previamente tipificada no es una relación de causalidad (como sí lo es la que relaciona dos hechos físicos), sino una relación de imputación[105]. No podemos afirmar que el enunciado «si Juan asesina, entonces debe ir treinta años a la cárcel» *(si es A, debe ser B)* enlaza una causa natural con un efecto natural (enlace que se plasmaría en la fórmula *si es A, es B;* por ejemplo: «si se suelta en el aire un objeto, desciende acelerándose 9,81 m/s2), sino una acción humana consciente con una respuesta institucional predeterminada: si se materializa el supuesto de hecho (dependiente de una acción humana consciente) «asesinato», a tal hecho se le atribuye, se le *imputa* la consecuencia jurídica *treinta años de cárcel.* Esta consecuencia jurídica no es evidentemente una consecuencia *natural* del hecho del asesinato, sino una consecuencia decidida y controlada por la sociedad. El enunciado disyuntivo diría que «*o* no asesinas o ocurrirá (porque así lo hemos decidido, y no como consecuencia natural) que irás treinta años a la cárcel».

No fue ésta la única razón por la que Bobbio criticó la *reducción* llevada a cabo por Visalberghi. Como señaló Bobbio, la *reducción* se

---

[104] Aldo Visalbergui, **Esperienza e valutazione,** 1958, pp. 41 ss. Lógicamente, Visalbergui no extrae consecuencias análogas respecto a la permisión deóntica. El permiso para realizar una determinada acción **(Pp)** no puede expresarse como descripción disyuntiva porque una permisión no se puede transgredir.

[105] Hans Kelsen, **Reine Rechtslehre,** 1960, pp. 79 ss. (trad. cast.: **Teoría pura del derecho,** 1983, pp. 89 ss.).

basaba equivocadamente en la hipótesis de que todo enunciado prescriptivo trae consigo la amenaza de una sanción para el supuesto de su incumplimiento, sin tener en cuenta la existencia de muchas prescripciones cumplidas por el mero hecho de estar de acuerdo con su contenido o de respetar la autoridad que la ha establecido. Además, Visalberghi tampoco percibió a juicio de Bobbio que la segunda parte de sus enunciados disyuntivos («...o se da el estado de cosas **q** previsto como consecuencia de su transgresión»), al alcance siempre de ser producido por quien prescribe, no se refería a un hecho *neutral,* sino a un efecto perjudicial para el agente, a un hecho «desagradable» para él. Y «desagradable», afirma Bobbio, no es un término descriptivo, sino valorativo o persuasivo: pretende influir en el comportamiento ajeno. La función deóntica del enunciado prescriptivo «es sólo encubierta pero no eliminada»; pasa «de la prescripción a su consecuencia», pero no se suprime ni se reduce anankásticamente. Y si por el contrario la segunda parte del enunciado disyuntivo consistiera en un efecto natural ajeno a la voluntad del ordenante («...o habrá un terremoto sobre tu ciudad», «...o enfermarás», etc.), el deber deóntico no se transformaría tampoco en deber anankástico, sino que perdería completamente su carácter deóntico, ya que «faltaría un juicio de valor que desarrollara la función prescriptiva propia del mandato»[106].

2.3. El deber deóntico en términos anankásticos en la *lógica de los descriptores* de R. M. Hare

2.3.1. La doble reducción

Al igual que Visalberghi, Richard Hare también *redujo lógicamente* los enunciados prescriptivos a «enunciados mixtos», a enunciados compuestos de un elemento no deóntico o «frástico» y un elemento deóntico o «neústico». En toda norma coexisten para Hare un factor puramente deóntico o *neústico,* que expresa la voluntad de que se realice o se omita una determinada acción, y un factor indicativo o *frástico,* que engloba el conjunto de expresiones que describen la acción a seguir o no seguir como forma de conducta. *Reduciendo* descriptivamente la norma a su *frástico,* afirma Hare, es posible realizar deducciones

---

[106] Norberto Bobbio, **Teoria della norma giuridica,** 1958, pp. 100 ss.

lógico-normativas que tendrían como conclusiones los *frásticos* de las normas deducidas, los cuales podrían a su vez ser inversamente reducidos a normas[107].

Hare advierte que su distinción entre *frástico* y *neústico* no implica la *reducción* indicativa de los enunciados imperativos. El enunciado imperativo «Cierra la puerta» no puede reducirse para Hare al enunciado indicativo «Quiero que cierres la puerta» porque entonces sería compatible con el enunciado procedente de otra persona «No quiero que cierres la puerta». Igualar «Cierra la puerta» a «Quiero que cierres la puerta» sería entonces tan absurdo como igualar «Vas a cerrar la puerta» a «Creo que vas a cerrar la puerta». En ambos casos se pretende representar una referencia al hecho de cerrar la puerta mediante la referencia a lo que va a ocurrir en la mente del hablante. «Creo que vas a cerrar la puerta» no es un enunciado sobre el estado mental del hablante, afirma Hare, sino un *enunciado de probabilidad* sobre el hecho de que cierres la puerta, una versión más vacilante o insegura de «Vas a cerrar la puerta»; y del mismo modo «Quiero que cierres la puerta» no es un enunciado sobre el estado mental del hablante, sino una forma alternativa de ordenar que se cierre la puerta. Hare rechaza asimismo la *teoría ética paralela* a la reducción indicativa de los enunciados imperativos: «la teoría ética paralela tampoco explica nada; «yo apruebo A» es sólo un modo más complicado y circunlocutorio modo de decir «A es correcto». No es un enunciado, verificable experimentalmente, según el cual tengo un determinado sentimiento mental, sino un juicio de valor. Si yo pregunto «¿apruebo A?», mi respuesta será una decisión moral, ininteligible para quien no entienda el enunciado «A es correcto»»[108].

A través de este rodeo que incluye una *doble reducción* lógica, *desde* el deber deóntico y *hasta* el deber deóntico, Hare trataba de justificar la posibilidad de aplicar los principios lógicos a las normas. Sin embargo, al distinguir el frástico del neústico parecía confundir el hecho de aceptar una proposición con la referencia que la proposición hace a la realidad, la cual es parte de su significado. Alf Ross criticó a Hare por «considerar contradictoriamente la indicación de asentimiento

---

[107] Richard M. Hare, **The Language of Morals,** 1952, pp. 32 ss.
[108] Richard M. Hare, **The Language of Morals,** 1952, pp. 37 ss.

como *parte* de la proposición (el *neústico*) y a la vez como *acto* realizado *en relación con* la proposición»[109]. Y en la misma línea Kelsen rechazó que una norma pudiera contener un elemento descriptivo, puesto que «en las normas sólo caben actos de voluntad, y no actos de pensamiento»[110].

Además, Hare no parece ser consciente de que la identidad sintáctica de dos enunciados es independiente de sus características pragmáticas; es decir, no presupone ni implica una identidad pragmática. El enunciado «Quiero que cierres la puerta», sintácticamente indicativo, cumple una función pragmática indicativa o imperativa dependiendo de la intención de quien lo enuncia: su sintaxis indicativa no impediría que pudiera ser pragmáticamente imperativo. Inversamente, el enunciado «Cierra la puerta», sintácticamente imperativo, cumple una u otra función pragmática dependiendo asimismo de la intención de quien lo enuncia: su sintaxis imperativa no impediría que pudiera ser pragmáticamente indicativo. Las órdenes «Quiero que cierres la puerta» y «No quiero que cierres la puerta» pueden ser pragmáticamente compatibles, ya que no hay garantía a *priori* de racionalidad normativa del ordenante. Las descripciones «Quiero que cierres la puerta» y «No quiero que cierres la puerta» son, por el contrario, *lógicamente* incompatibles.

2.3.2. La instrumentalidad de las *normas de estructura* en U. Scarpelli

Scarpelli ha tratado de profundizar en la distinción de Hare entre *frástico y neústico,* y de aplicarla para justificar la posibilidad de reducción lógica de las reglas regulativas o deónticas. Para Scarpelli, las normas coinciden con las proposiciones en que hacen referencia a hechos, aunque como comportamientos en el primer caso y como situaciones o eventos en el segundo. Si se utiliza un lenguaje en el que las expresiones que designan los comportamientos y las situaciones son distintas de las usadas para indicar que el enunciado en cuestión tiene una u otra función, es posible afirmar que las normas y las pro-

---

[109] Alf Ross, **Directives and Norms**, 1968 (trad, cast.: **Lógica de las normas**, 1971, pp. 26-27).

[110] Hans Kelsen, **Recht und Logik**, 1965 (trad, cast.: **Derecho** y **lógica**, 1988, pp. 93-94).

posiciones pueden ser semejantes en el campo de referencia o frástico, y diferentes en la función que desempeñan o neústico, o, recíprocamente, semejantes en el neústico y diferentes en el frástico[111]. Y los mismos esquemas son a juicio de Scarpelli aplicables a las reglas anankásticas «estructurales» o secundarias, a las reglas que no regulan directamente comportamientos, sino que «determinan las condiciones de pertenencia de las normas al sistema». El deber (deóntico) de seguir determinados requisitos para crear una norma válida es reducido por Scarpelli a deber anankástico de cumplir las condiciones establecidas por la «norma de estructura» en la medida que se quiera conseguir el fin de la validez de la nueva norma. Mientras que el frástico de la norma secundaria describe las relaciones de las normas con el sistema, su neústico expresa la función de la norma, de tal forma que una norma secundaria se considerará cumplida, con la consecuencia de la validez de la norma primaria creada, cuando sea verdadera una proposición cuyo frástico sea idéntico al frástico de la norma secundaria, el cual, a través de un proceso de reducción lógica inversa, puede volver a reformularse deónticamente[112]. La disociación de elementos permite así a juicio de Scarpelli la extensión a las normas de las reglas lógicas ordinarias excepto si operamos con normas individuales, concretas e incondicionadas o con normas generales de aplicación inmediata. Salvo en estos casos, la norma podría ocupar el lugar de la premisa mayor, de la que, por su relación con una proposición sobre la constatación individual del supuesto de hecho, derivaría una conclusión normativa. La inferencia es posible para Scarpelli gracias a la designación de los hechos que realiza el frástico, factor común a todas sus premisas[113].

2.3.3. Los imperativos de *bajo grado hipotético*

En todo caso, el propio Hare parece sólo aceptar la posibilidad de reducción lógica del deber deóntico en los «imperativos plenamente hipotéticos», en los imperativos hipotéticos «de alto grado», en los

[111] Uberto Scarpelli, **Contributo a una semantica del linguaggio normativo** (1959), 1985, pp. 104-105.
[112] Uberto Scarpelli, **Contributo a una semantica del linguaggio normativo** (1959), 1985, pp. 110 ss.
[113] Uberto Scarpelli, **Contributo a una semantica del linguaggio normativo** (1959), 1985, pp. 106-108.

que el fin es claramente perceptible por el destinatario. Al igual que Visalberghi, Hare se basó en la teoría reductiva del deber deóntico de Bohnert[114] para construir sus enunciados mixtos. Podemos así reducir *imperativos* como «cierra la puerta» a enunciados del tipo «o cierras la puerta o ocurrirá para tí la consecuencia negativa X». La teoría de Bohnert era para Hare paralela a las teorías éticas que igualaban «A es correcto» a «A conduce a Y», representando Y alguna cosa considerada generalmente como positiva, pero sólo valía a su juicio para los *imperativos plenamente hipotéticos,* para las normas que establecen los medios a seguir para la consecución de un determinado fin. En los enunciados prescriptivos en los que el fin es difícilmente reconocible (en los imperativos «de bajo grado hipotético», como por ejemplo «Dile a tu padre que le llamé»), la reducción no es para Hare posible porque es difícil conocer *a priori* la segunda parte del enunciado disyuntivo posterior a la disyunción o, por lo que habría que hacer uso de algún término valorativo, de algún *axiónimo,* que provocaría que el enunciado recuperara su carácter prescriptivo: «es desde luego posible construir la disyunción de «dile a tu padre que le llamé» mediante la frase «o algo malo ocurrirá»; pero entonces hacemos uso de la palabra 'malo', que es valorativa y por tanto prescriptiva. Y, similarmente, teorías teleológicas de la ética que interpretan «correcto» como «conducente a Z», donde «Z» es un término valorativo como 'satisfacción' o 'felicidad', sólo añaden la dificultad de analizar tales términos»[115].

2.4. El deber deóntico en términos anankásticos en la *teoría de los enunciados normativos declarativos* de T. Geiger

Antes incluso que Visalberghi y Hare, Theodor Geiger propuso la reinterpretación de las reglas deónticas como *enunciados normativos declarativos,* como enunciados que *declaran* que la transgresión de la regla es *condición* de aplicación de una sanción, que *ordenan* la realización de acciones en tanto que exista la voluntad de evitar la sanción correspondiente.

---

[114] Herbert Bohnert, **The Semiotic Status of Command,** 1945, pp. 302 ss.; Richard M. Hare, **The Language of Morals,** 1952, pp. 7-9.

[115] Richard M. Hare, **The Language of Morals,** 1952, pp. 7-8.

2.4.1. Interdependencia social y coordinación de la conducta

Geiger concibe la sociedad como un cuerpo compuesto de individuos ajustadamente conectados cuyas conductas son interdependientes y provocan la aparición de los sistemas normativos sociales, y en particular del sistema jurídico. La noción de sociedad humana equivale así a la idea de que, en su existencia, los hombres dependen y se adaptan jerárquicamente entre sí. La especie humana tiende a evitar el aislamiento duradero, pero la interdependencia no sólo se refleja en conductas humanas de las que se desprende un interés por procurar el bien común, sino que abundan las «actitudes asocíales» que generan conflictos y hostilidades, los cuales son también el efecto de la «interrelación vital»[116].

Ni el contractualismo ni el organicismo sirven a juicio de Geiger para explicar las razones de la interdependencia humana, ya que se limitan a ofrecer demostraciones analíticas de las correspondencias existentes entre la estructura de la sociedad y la estructura de la persona, o a exponer descriptivamente los caracteres *microscópicos* y *macroscópicos* de la vida social. La tarea de la sociología no consiste para Geiger en el análisis de las causas de la socialidad humana, sino en el estudio de sus consecuencias, y en particular de su consecuencia más importante: el surgimiento de los ordenamientos sociales. La interdependencia social conlleva que la mayoría de las acciones individuales afecten a los demás individuos, cuyas acciones de respuesta dependerán de la naturaleza de las primeras. Cada individuo decide su conducta dependiendo de las reacciones que prevé en los demás, provocando la aparición sucesiva de modelos de conducta. El conjunto de implicaciones recíprocas entre los individuos que se producen como consecuencia de la implantación de los modelos de conducta conforman para Geiger la *coordinación de la conducta,* que es la base del ordenamiento social: «el ordenamiento y la forma de vida social en la que dicho ordenamiento posee vigencia se condicionan entre sí y nacen simultáneamente... El ordenamiento social es el propio integrado social, visto desde una perspectiva particular»[117].

---

[116] Theodor Geiger, **Vorstudien zu einer Soziologie des Rechts** (1947), 1964 (trad, cast.: **Estudios de sociología del derecho,** 1983, p. 40).
[117] Theodor Geiger, Estudios de sociología del derecho, 1983, pp. 41-42.

2.4.2. Regularidad y reacción social

En todo grupo social existe para Geiger una relación constante entre una serie de situaciones s y los correlativos modelos de conducta g. El ordenamiento social se compone de un conjunto de correlaciones que siguen el esquema **s → g**, el cual debe ser seguido por todo agente A, quien a su vez presupone el seguimiento del esquema por parte de los demás agentes potenciales. Pero **s → g** no significa que *siempre* que ocurre s, ocurre g. A diferencia de las leyes naturales, que se rigen por el «principio de regularidad» en tanto que la relación entre causa y efecto es regular y segura, las normas sociales no son *regulares,* ya que los modelos de conducta que introducen no se siguen *regularmente.* El esquema **s → g** significa que el ordenamiento incita a que, si es el caso que **s**, sea el caso que **g**, pero esto no equivale a que sea **g** siempre que sea **s**. El ordenamiento obliga a realizar **g** cuando ocurra **s**, pero a través de la obligación en sí misma no garantiza que ocurra g siempre que haya ocurrido s. Al igual que Visalbergui, también Geiger coincide con Kelsen en que las leyes naturales y las normas de conducta no se diferencian por los elementos que enlazan, sino por la forma en que se enlazan. Kelsen habla de *causalidad* e *imputación,* y Geiger de *regularidad* y de reacción social[118].

Sin embargo, la no regularidad del cumplimiento de las normas sociales no presupone para Geiger la voluntariedad de los comportamientos individuales. En cierto modo, señala Geiger, el principio de causalidad rige también para las acciones humanas, aunque oculto detrás de la pluricausalidad[119]. Toda conducta humana tiene una serie de causas, que al ser distintas en cada individuo e interrelacionarse de forma distinta en cada individuo, provocan que las acciones sean asimismo distintas en cada caso individual. Detrás de la confianza ingenua en la reflexión racional y en la decisión libre del comportamiento, se alza el abismo causal que *determina* las conductas humanas, abismo heterogéneo y *pluricausal* dentro del cual ocupa un lugar

---

[118] Theodor Geiger, Estudios de sociología del derecho, 1983, pp. 44 ss. Vid. Hans Kelsen, General Theory of Law and State, 1945 (trad, cast.: Teoría general del Derecho y del Estado, 1983, pp. 53 ss.); What is Justice?, 1960 (trad, cast.: ¿Qué es justicia?, 1982, pp. 221 ss.; Reine Rechtslehre, 1960 (trad, cast.: Teoría pura del derecho, 1983).

[119] Theodor Geiger, **Estudios de sociología del derecho,** 1983, pp. 47 ss.

importante el temor a la reacción externa desfavorable en la hipótesis de transgresión de algún modelo de conducta establecido. El deber de seguir la norma se reproduce así para cada caso individual como *necesidad* de realizar una determinada acción o abstenerse de realizarla para evitar la reacción social negativa.

2.4.3. Enunciados normativos declarativos y enunciados normativos proclamativos

Cuando un modelo de conducta se sigue por razones consuetudinarias o irreflexivas, no cabe para Geiger su transgresión porque la impide la regularidad factual en la secuencia de las acciones, pero cuando nace el «estigma» normativo la regla vincula aunque no se haya manifestado lingüísticamente, y cabe la *desviación* normativa que da lugar a la sanción. La norma ya es válida aunque no exista el enunciado deóntico correspondiente, «aunque no se haya dicho con palabras que determinadas personas están obligadas, frente a otras determinadas personas, a responder a una determinada situación con una determinada conducta». Al ser posible la violación de la «normatividad socialmente exigida», se haya o no manifestado todavía en un enunciado lingüístico, la amenaza de sanción define la relación normativa[120].

El desarrollo habitual de la realidad normativa suele culminar para Geiger con la plasmación lingüística de la norma mediante el enunciado normativo correspondiente. Aunque la *norma subsistente* está ya «viva como idea normativa», afirma Geiger, posteriormente «se expresa y consolida en un enunciado normativo que simplemente *constata* la existencia de una norma subsistente, que *constata normativamente* que **s** → **g** es un modelo de conducta habitual». La norma subsistente, que sigue el esquema «ante las circunstancias **s**, se debe hacer **g**», se *reduce* al esquema anankástico «si deseas evitar la sanción **S**, debes realizar la acción **g** cuando se den las circunstancias s». Sólo excepcionalmente el enunciado normativo es algo más que la «simple envoltura lingüística» de la norma, y entonces la *introduce* en el sistema normativo mediante un enunciado que en este caso no puede *reducirse* porque no es declarativo, sino proclamativo[121].

---

[120] Theodor Geiger, **Estudios de sociología del derecho,** 1983, pp. 50-51.
[121] Theodor Geiger, **Estudios de sociología del derecho,** 1983, pp. 53 ss.

La reinterpretación del sentido deóntico de las normas que Geiger propone le lleva a subrayar que la validez no es un predicado de los enunciados normativos, sino de las ***normas subsistentes,*** y a rechazar toda concepción imperativista, que atribuye a «malentendidos motivados por el desconocimiento del hecho de que los enunciados normativos son declarativos, de que se limitan a constatar la existencia previa de normas subsistentes y habituales»[122]. A través de los enunciados normativos podemos construir inferencias prácticas con conclusiones del tipo de «si deseas evitar la sanción **S**, debes realizar la acción **g** cuando se den las circunstancias **s**». La diferencia fundamental entre el ordenamiento jurídico y los restantes ordenamientos sociales reside para Geiger en el respaldo que el primero recibe por parte de órganos específicos que racionalizan, organizan, canalizan, planifican e ***institucionalizan*** la reacción social negativa contra el transgresor de la norma jurídica.

2.4.4. El tránsito de la *comunidad* a la *sociedad*

La perspectiva de Geiger recuerda a la de Kelsen[123], y asimismo a la de Max Weber, quien definió el derecho como un orden garantizado externamente por la coacción ejercida por un ***cuadro de individuos*** específicamente ***instituidos*** para penalizar su transgresión[124]. La reacción jurídica no es una respuesta espontánea del ***cuerpo social,*** subraya Geiger, sino el producto de una decisión que procede de instancias especialmente dedicadas a analizar si se ha violado un modelo de conducta, y si el modelo de conducta violado se ha tipificado previamente como norma jurídica. En la sociedad organizada jurídicamente, la interdependencia social está institucionalizada y monopolizada porque se concentra en un poder central, lo que provoca que el grupo social «pierda inocencia»[125]. El ordenamiento jurídico es para Geiger una expresión directa de la desconfianza, y produce cam-

---

[122] Theodor Geiger, **Estudios de sociología del derecho,** 1983, pp. 57 ss. Geiger está más cerca del imperativismo en **Debat med Uppsala om Moral og Ret,** 1946 (trad, cast.: **Moral** y **derecho. Polémica con Uppsala,** 1982).

[123] Vid. Hans Kelsen, **General Theory of Law and State,** 1945 (trad, cast.: **Teoría general del Derecho y del Estado,** 1983, pp. 23 ss.)

[124] Max Weber, **Wirtschaft und gesellschaft (1922), 1964** (trad, cast.: **Economía y sociedad, 1977, pp. 27** ss.).

[125] Theodor Geiger, **Estudios de sociología del derecho,** 1983, pp. 118 ss.

bios sustanciales en el integrado social, similares a los estudiados por Weber en el paso de la ***comunidad,*** relación social en la que los individuos tienen el sentimiento subjetivo de constituir un todo, a la ***sociedad,*** relación en la que las actitudes sociales responden a una compensación o unión de intereses y se orientan racionalmente con arreglo a valores o a fines[126].

Al expandirse el grupo social, el poder central estatal *condensa* la interdependencia social, que ya sólo funciona por la aceptación racional de la subordinación a las instituciones estatales y, sobre todo, por la amenaza del empleo de la coacción organizada y monopolizada por ellas. La idea de *derecho,* como «clase especial de integrado social», se supedita así para Geiger a la idea de *Estado,* como «aparato impersonal de dominio» que monopoliza e institucionaliza la reacción social contra el transgresor de la norma jurídica. Con el surgimiento del Estado, el deber jurídico se plasma más claramente aún en la *necesidad* de obedecer las normas jurídicas con el *fin* de evitar las sanciones que acarrea su incumplimiento[127].

2.5. El deber deóntico en términos anankásticos en la *refundación ética de la lógica deóntica* de S. Kanger

Retomando como Ross los conceptos deónticos de Hohfeld (véase *supra),* también Stig Kanger defendió la reducción anankástica del deber deóntico, justamente la reducción inversa a la propuesta por Ross; es decir, reinterpretó los conceptos de Hohfeld (*duty, privilege, right* o *claim, no-right o no-claim)* en términos anankásticos (*liability, immunity, power, disability).* Todo deber (deóntico) puede reinterpretarse, según Kanger, como sujeción (anankástica); todo permiso (deóntico) como inmunidad (anankástica); todo derecho (deóntico) como poder (anankástico); todo no-derecho (deóntico) como incapacidad (anankástica).

Kanger reformula las relaciones entre los ocho conceptos de Hohfeld a través de los siguientes enunciados:

(1.1) X tiene un derecho *(claim)* en relación con Y

(1.2) Y tiene un deber *(duty)* en relación con X

---

[126] Max Weber, **Economía y sociedad,** 1977, pp. 33 ss.
[127] Theodor Geiger, **Estudios de sociología del derecho,** 1983, pp. 115-116.

(1.3) X no tiene un «no-derecho» *(exposure)* en relación con Y

(1.4) Y no tiene un permiso *(privilege)* en relación con X

Reducidos en términos anankásticos, los enunciados deónticos (1.1), (1.2), (1.3) y (1.4) son equivalentes a los enunciados anankásticos (3.1), (3.2), (3.3) y (3.4):

(3.1) X tiene un poder *(power)* en relación con Y

(3.2) Y tiene una sujeción *(liability)* en relación con X

(3.3) X no tiene incapacidad *(disability)* en relación con Y

(3.4) Y no tiene inmunidad *(immunity)* en relación con X

Recíprocamente, los enunciados deónticos (2.1), (2.2), (2.3) y (2.4) son equivalentes a los enunciados anankásticos (4.1), (4.2), (4.3) y (4.4):

(2.1) X tiene un permiso (*privilege*) en relación con Y

(2.2) Y tiene un «no-derecho» (*exposure*) en relación con X

(2.3) X no tiene un deber *(duty) en* relación con Y

(2.4) Y no tiene un derecho (*claim*) en relación con X

(4.1) X tiene una inmunidad (*immunity*) en relación con Y

(4.2) Y tiene una incapacidad (*disability*) en relación con X

(4.3) X no tiene sujeción (*liability*) en relación con Y

(4.4) Y no tiene poder (*power*) en relación con X[128]

2.6. El deber deóntico en términos anankásticos en la lógica deóntica condicional de G. H. von Wright

2.6.1. La lógica de las condiciones necesarias y suficientes

Basándose en Kanger y en Anderson[129], von Wright construyó una teoría lógica condicional **(Deontic Logic and the Theory of**

---

[128] Stig Kanger, **New Foundations for Ethical Theory (1957),** 1971, pp. 42-44.

[129] Como se ha mencionado supra, en **A Reduction of Deontic Logic to Alethic Modal Logic** (1958), Anderson reduce la lógica deóntica a lógica alética; es decir, define el operador modal del deber deóntico y de la necesidad deóntica a través de los operadores modales de la necesidad (y posibilidad) alética. Algo después, en **Logic, Norms, and Roles** (1962), reformulará los conceptos anankásticos de Hohfeld como conceptos aléticos. En particular, el poder anankástico de Honfeld es analizado por Anderson como posibilidad alética

Conditions, 1968) en cuyo contexto la lógica deóntica se consideraba un apartado de la *lógica de las condiciones necesarias y suficientes,* de tal forma que afirmar que algo *debe* ser equivaldría a afirmar que algo es condición *necesaria* de alguna otra cosa, y afirmar que algo *puede* ser equivaldría a afirmar que algo es condición *suficiente* de alguna otra cosa[130].

En este sistema de lógica condicional, la noción anankástica de condición necesaria se explica así: «La verdad de la proposición **p** es condición necesaria de la verdad de la proposición **q**». Su representación formal puede ser una de las siguientes:

Nc(p,q)

N(q → p).

Decir que **p** es condición necesaria de **q** significa que si **-p,** entonces **-q,** o, asimismo, que si **q,** entonces necesariamente **p.** En términos de condición necesaria, el operador deóntico O podría ser definido así:

Op = Nc(p,I)

Que algo debe ser el caso significa que la cosa en cuestión es una condición necesaria de otra determinada cosa (o estado de cosas) **I,** que se presupone en el contexto. **I** no es una variable, sino una constante proposicional[131].

Por su parte, la noción de condición suficiente se explica así: «la verdad de la proposición que **p** es una condición suficiente de la ver-

---

de tal forma que afirmar que «X tiene un poder en relación con Y» equivale a afirmar que «es posible para X cambiar sus relaciones jurídicas con Y». Cfr. Alan R. Anderson, **Comments on von Wright's «Logic and Ontology of Norms»**, 1969, pp. 108 ss.; **The Logic of Hohfeldian Propositions**, 1970, pp. 231 ss.

130 Georg H. von Wright, **Deontic Logic and the Theory of Conditions**, 1968, pp. 3 ss.

131 **Georg H. von Wright, Deontic Logic and the Theory of Conditions, 1968, pp. 7-8. En On the Logic and Ontology oí Norms** (1969) insiste en su interpretación de la necesidad deóntica en términos de condición necesaria al precisar que la obligatoriedad de realizar una acción significa que hacerla es «condición necesaria de inmunidad» a la consecuencia jurídica desfavorable en el contexto de un orden jurídico «u otra comunidad de normas». Paralelamente, permitir la realización de una acción significa que hacerla es condición suficiente de inmunidad a la consecuencia jurídica desfavorable correspondiente (pp. 93-95).

dad de la proposición que **q**». Su representación formal puede ser una de las siguientes:

Sc(p,q)

S(q → p)

Decir que **p** es condición suficiente de **q** significa que si **-q**, entonces **-p**, o, asimismo, que si **p**, entonces necesariamente **q**. **Sc(p,q)** equivale a **Sc(-q,-p)**, a **Nc(q,p)** y a **Nc(-p,-q)**. En términos de condición suficiente, el operador deóntico **P** podría ser definido así:

Pp = Sc(p,I)

Que algo debe ser el caso significa que la cosa en cuestión es una condición suficiente de otra determinada cosa (o estado de cosas) **I**, que se presupone en el contexto.

Una condición necesaria puede presentar también para von Wright forma disyuntiva: **p** o **q** puede ser condición necesaria de **r** (**Nc(p** v **q))**. Ahora bien, si es el caso que **-p**, entonces **q** se convierte en condición necesaria de **r**. Esta hipótesis no se puede formular como **-p → Nc(q,r)**, ya que por el propio concepto de implicación un antecedente falso implica cualquier cosa. Pero parece que sí se podría formular **Sc(-p, Nc(q,r))**, pues **-p** es condición suficiente para que **q** sea condición necesaria de **r**. Si no es el caso que **p** ni es el caso que **q**, entonces, si **-p** es condición suficiente para que **q** sea condición necesaria de **r**, tenemos que o **p** o **q** son condición necesaria de r[132].

La *necesidad deóntica* es definida por von Wright como «una exigencia de algo respecto a un fin», como «lo que debe ser *si... o en orden* a...»; es decir, es un deber condicionado a una hipótesis previa o a una finalidad futura. Al asumir el deber deóntico en términos anankásticos como condición necesaria de alguna otra cosa, la lógica deóntica tradicional se transforma para von Wright en una lógica que no relaciona normas, en una lógica «que no es una genuina «lógica de normas», sino una lógica de estructuras semejantes a lo que Kant denominaba imperativos hipotéticos»[133].

---

[132] Georg H. von Wright, **Deontic Logic and the Theory of Conditions**, 1968, pp. 9-11.

[133] Georg H. von Wright, **On the Logic of Norms and Actions**, 1981, pp. 33-34.

La teoría lógica de las condiciones suficientes y necesarias de von Wright constituye una clara *traducción anankástica* de su sistema standard de lógica deóntica, una reducción del deber deóntico en términos anankásticos. Desde entonces, von Wright asume un enfoque *instrumentalista* de la lógica de las normas que le llevará en **Norms, Truth and Logic** (1983) a centrarse en la distinción entre *ought* y *must*, entre el deber deóntico y el deber técnico o anankástico.

2.6.2. *Ought* y *must*

Veinte años antes de la publicación de **Norms, Truth and Logic**, en **Practical Inferences** (1963), von Wright subrayó que la posibilidad de reducción anankástica del deber deóntico dependía del sentido en que se entendiera el verbo «deber». En un particular contexto, determinadas interpretaciones de «deber» conducen a la consideración de los deberes y obligaciones como «necesidades prácticas de acción», de tal forma que «hacer el deber que uno tiene o cumplir la obligación que uno tiene puede convertirse en una necesidad práctica»[134]. En estos casos es para von Wright preferible usar el verbo *must* en vez del verbo *ought*, su traducción *standard* de «deber».

Piénsese en la siguiente *inferencia práctica:*

«*A* debe *(ought)* hacer que la cabaña sea habitable»

«A menos que *A* caliente la cabaña, no hará que sea habitable»

«Por consiguiente, A debe *(ought)* calentar la cabaña»

Si sustituyéramos el verbo «debe» por «es el deber de...» la inferencia práctica se reformula del siguiente modo:

«Es el deber de A hacer que la cabaña sea habitable»

«A menos que A caliente la cabaña, no hará que sea habitable»

«Por consiguiente, es el deber de *A* calentar la cabaña»

El deber mencionado en la conclusión es un «deber derivado», que von Wright define así: «es alguna cosa que *debe* (*must*) hacerse para que podamos ser capaces de cumplir otro deber diferente». La *obligación derivada* de hacer una determinada cosa es una «necesidad práctica de acción» relativa a alguna otra obligación. Desde la perspectiva del «deber derivado», la inferencia práctica se reformularía así:

134 Georg H. Von Wright, **Practical Inferences,** 1963, pp. 13-14.

«Es el deber de *A* hacer que la cabaña sea habitable»

«A menos que A caliente la cabaña, no hará que sea habitable»

«Por consiguiente, A debe *(must)* calentar la cabaña»

El argumento lógico vale siempre que «A debe *(must)* calentar la cabaña» signifique lo mismo que «A menos que A caliente la cabaña, no hará (o no puede hacer) lo que constituye su deber».

El derecho establece nuestras obligaciones jurídicas, pero deja que seamos nosotros quienes decidamos los pasos que se *deben* dar para cumplirlas, los cuales serán diferentes para cada caso individual. Von Wright pone el ejemplo de la «obligación primaria» de pagar impuestos por nuestros ingresos, que implica un conjunto de obligaciones derivadas, como cumplimentar los impresos de la declaración de ingresos, adjuntar los certificados de nuestros ingresos, guardar las facturas justificantes de nuestros gastos... que *debemos* (anankásticamente) cumplir para poder cumplir nuestro *deber* deóntico primario. Así, de alguna manera, señala von Wright, el deber deóntico se convierte en la práctica en deber técnico[135].

Cuando tomamos como premisa mayor de una inferencia una norma condicional según la cual *debe* ser el caso que, si **p,** entonces **q,** y como premisa menor el cumplimiento de la condición **p,** concluimos que *debe* ser que **q.** Pero, como advierte von Wright, lo hacemos usando el verbo «deber» en dos sentidos distintos. El primer deber es un deber deóntico, un «ought»; el segundo deber es un deber técnico o **necesidad práctica,** un «must». Este último no es realmente para Von Wright un concepto normativo, ya que expresa que se tiene que actuar de forma que un determinado estado de cosas se dé, de tal manera que otro estado de cosas distinto pueda darse.

O se da el primer estado de cosas, o el segundo no se podrá dar. Los deberes técnicos se suelen enunciar por ello de forma elíptica, ya que contienen referencias implícitas a «lo que no será si lo que debe (técnicamente) ser no es». El segundo estado de cosas representa un fin actual o potencial de la acción humana respecto al cual el primer estado de cosas es un medio[136]. Si el deber técnico se enuncia de forma

---

[135] Georg H. Von Wright, **Practical Inferences,** 1963, pp. 14-15.
[136] Georg H. von Wright, **Norms, Truth and Logic,** 1983, pp. 152-153.

que se menciona el fin actual o potencial, se manifiesta en una norma hipotética, que sigue el esquema *si-entonces* («si quieres... , debes...»), *con el fin de-es necesario que* («con el fin de que sea el estado de cosas **x**, es necesario que hagas...») o *a menos que-será* («a menos que hagas **y**, será z»). Es en este sentido en el que Von Wright deduce un deber técnico de un deber deóntico. El deber primariamente deóntico se transfigura como deber anankástico de que, si es el caso que **p**, sea el caso que **q**; o, inversamente, como deber anankástico de que, si no es el caso **q**, no sea el caso que **p**[137].

2.6.3. La reducción anankástica de la fórmula del compromiso

En **A New System of Deontic Logic (1964)**, von Wright parecía arrepentido de su «sistema standard de lógica deóntica» **(Deontic Logic, 1951)**, y en particular de la formalización de la noción de compromiso a través de la fórmula deóntica **O(-p → q)**. En su nuevo sistema de **1964**, von Wright propuso **reducir** la noción lógica del compromiso a la fórmula mixta **-p → Oq**, que se podía leer como norma hipotética: «si se da la hipótesis de que no sea el caso que **p**, entonces debe ser el caso que q[138].

Pero en **A New System of Deontic Logic** von Wright no aclara si interpreta su nueva fórmula del compromiso en sentido descriptivo o en sentido prescriptivo. Es en **Norms, Truth and Logic** donde precisa que si **-p → Oq** se interpreta en sentido descriptivo, constata simplemente el hecho de que, si no es que **p**, existe una norma según la cual debe ser que **q**, y por consiguiente no es una norma condicional; y si se interpreta en sentido prescriptivo, nos hallamos ante una expresión sin sentido en el discurso significativo, puesto que se compondría de un elemento descriptivo y de un elemento prescriptivo enlazados mediante una conectiva veritativa. Sólo elípticamente podría

[137] Georg H. von Wright, **Norms, Truth and Logic,** 1983, p. 153. En **Is and Ought** (1985), von Wright reitera que cuando en este sentido técnico afirmamos que alguna cosa *debe ser* o *debe ser hecha,* nos referimos a que *salvo que* la cosa en cuestión sea (o sea hecha), otra cosa diferente no podrá ser el caso. En el supuesto de la *institución* de la promesa, si yo prometo algo, debo hacer lo que he prometido hacer «para satisfacer así la obligación constituida por la norma que prohíbe incumplir las promesas». Éste es para von Wright el ejemplo más claro de derivación de un deber técnico a partir de un deber deóntico (p. 274).

[138] Georg H. von Wright, **A New System of Deontic Logic,** 1964, pp. 176-178.

considerarse que **-p → Oq** alude a cómo las cosas deberían ser, pero incluiría entonces implícitamente un operador deóntico de segundo orden, por lo que realmente tendría que expresarse lógicamente como **O(-p → Oq)**, y volveríamos a encontrarnos con los mismos problemas que provocan el rechazo de **O(-p → q)**[139].

Como resaltaron Follesdal y Hilpinen, la noción de deber presente en el compromiso es de difícil formalización en el sistema stándard de lógica deóntica de von Wright porque en él sólo cabe un operador deóntico perteneciente a los mundos deónticamente posibles. En la teoría semántica de las modalidades deónticas de Follesdal y Hilpinen, en la que **Of** significa que **f** es verdad en todos los mundos deónticamente perfectos o en todas las alternativas ideales a nuestro *mundo actual*, **O-p** y **O(-p → q)** son enunciados que siguen el modelo **Of**, ya que en todo mundo ideal es verdad que **-p** y es verdad que **q**. Pero no ocurre lo mismo con **-p → Oq**, puesto que entonces **q** sólo es verdad en los mundos en los que es verdad que **-p**, y ello exigiría otro operador deóntico distinto de **O-p**, que bien podría ser O-p[140].

2.6.3.1. La fórmula del compromiso en el sistema diádico de *Norm and Action*

Las dificultades para la formalización lógica del *compromiso* en su sistema stándard empujaron a Von Wright a la construcción de un sistema diádico de lógica deóntica. En el sistema diádico de **Norm and Action** las acciones no son obligatorias en sí mismas, sino que

---

139 Georg H. von Wright, **Norms, Truth and Logic**, 1983, p. 158.

140 Dagfinn Follesdal y Risto Hilpinen, **Deontic Logic: An Introduction**, 1971, pp. 26 ss. En la teoría semántica de las modalidades deónticas de Follesdal y Hilpinen, el operador diádico **O(p/q)** significa que **p** es verdad en todos los mundos ideales de **q**, y el operador diádico **P(p/q)** significa que **p** es verdad en algunos mundos ideales de **q**. En esta teoría no es válido el axioma de von Wright **O(p/q v r) -> O(p/q) & O(p/r)** («si se debe hacer que **p** si es el caso que **q** o es el caso que **r**, entonces se debe hacer que **p** si es el caso que **q** y se debe hacer que **p** si es el caso que **r**») porque no siempre ocurre que si **p** es verdad en toaos los mundos ideales de **(q v r)**, entonces es también verdad en todos los mundos ideales de **r**, ya que **r** puede equivaler a **-q**, y entonces **(q v r)** equivale a **(q v -q)**, a la tautología **t**. En el *nuevo sistema* de von Wright podrían entonces paradójicamente coexistir una obligación categórica de realizar la acción comprometida por un deber primario, y la propia obligación condicionada al incumplimiento del deber primario, por lo que fracasaría la *reducción* anankástica de la fórmula deóntica del compromiso.

hay que determinar en qué condiciones lo son, en qué universo normativo o fáctico lo son. Este sistema diádico se basaba en tres estratos: **(i)** la lógica proposicional tradicional, basada en el estudio formal de las expresiones **p, q...; (ii)** la lógica del cambio, basada en el estudio formal de las expresiones **T,** en la que el suceso descrito por **pTq** es una transformación de un estado inicial de cosas descrito por **p** a un estado final de cosas descrito por **q; (iii)** la lógica de la acción, basada en el estudio formal de las expresiones **df,** en la que **d(-pTp)** significa que un agente, en una determinada ocasión, provoca el estado de cosas descrito por **p,** inexistente hasta entonces; y en la que **f(-pTp)** significa que un agente, en una determinada ocasión, se abstiene de provocar el estado de cosas descrito por p[141].

La teoría lógica de la acción condicionada constituía una extensión de la lógica de la acción. Introducía el símbolo /, de forma que la expresión «/» elemental de **(pTp)/(qTq)** describiera una acción genérica que es ejecutada por un agente de forma que en una determinada ocasión en la que el estado de cosas descrito por **q** se da y permanece independientemente de la acción, el agente impide que desaparezca el estado descrito por **p. O(d(pTp)/(qTq))** es un mandato, cuyo contenido es la acción descrita por **d(pTp),** y cuya condición de aplicación es el cambio descrito por **pTp & qTq**[142]**.**

La cuestión de cómo formalizar en este sistema la noción lógica del compromiso estaba para Von Wright en directa relación con la propia noción de lógica deóntica diádica. El mandato **O(d(-pTp)/(qTq))** ordena **p** si **q** se da y permanece. Pero si **q** se pudiera producir mediante una acción y, de hecho, un agente produce **-qTq,** ello compromete a hacer **p.** Aunque en principio parece que la noción de compromiso, al referirse a dos momentos de actuación distintos, exigiría un sistema «temporalizado»[143], este inconveniente se evitaría para Von

[141] Georg H. von Wright, **Norm and Action,** 1963, pp. 28 ss.

[142] Georg H. von Wright, **Norm and Action,** 1963, pp. 174 ss.

[143] Cfr. Richmond H. Thomason, **Deontic Logic as Founded on Tense Logic,** 1981; Lennart Aquist y Jaap Hoepelman, **Some Theorems About a «Tree» System of Deontic Tense Logic,** 1981. Quizás fuera Thomason quien mejor resaltó la trascendencia de basar la lógica deóntica en el factor ***tiempo.*** En su opinión, las nociones deónticas son dependientes de elementos temporales hasta el punto de que junto a una teoría lógica de la obligación, de la permisión o de la prohibición, es necesario construir una teoría lógica del tiempo,

Wright concibiendo el compromiso como «acto-implicación», y no a través de la fórmula deóntica **0(-p → q)**. El deber deóntico presente en esta fórmula se transforma anankásticamente en necesidad de que no sea el caso que **(-p & -q)**[144].

2.6.3.2. Las regiones prohibidas del árbol de la vida

Un año después de Norm and Action, en **A New System of Deontic Logic**, von Wright analiza la expresión **O(q/-p)** como posible alternativa a la fórmula deóntica del compromiso **O(-p → q)**. El deber hipotético O(q/-p) sería independiente del deber categórico **O(p/t)**

---

y ello no sólo porque el alcance de las normas varía según las coordenadas temporales sino, sobre todo, por la propia idea de consecuencia lógica en relación con los lenguajes formales que utilizan los operadores deónticos (en concreto, la lógica deóntica se fundaría para Thomason en un sistema de lógica temporal en el que se pudiera atender a futuras alternativas posibles; es decir, en el que el tiempo no se estructurara linealmente, sino ramificadamente). También Aquist y Hoepelman han tratado de desarrollar una lógica deóntica temporalizada a través de operadores deónticos combinados con específicas modalidades temporales: + («será el caso al próximo instante que»...) **y -** («ha sido el caso en el último instante que...»). Vid. asimismo Lorenzo Peña, **Un enfoque no-clásico de varias antinomias deónticas,** 1988.

144 Georg H. von Wright, **Norm and Action,** 1963, pp. 187 ss. El problema estriba ahora en que **0-(-p & -q)** es inconsistente por ser a la vez consecuente de **Op** y de **Oq** en virtud de las paradojas de la obligación derivada (cfr. Arthur N. Prior, **The Paradoxes of Derived Obligation,** 1954; Robert N. McLaughlin, **Further problems of derived obligation,** 1955; Georg H. von Wright, **A Note on Deontic Logic and Derived Obligation,** 1956; Georges Kalinowski, **Obligation dérivée et logique déontique relationnelle,** 1964; Bengt Hansson, **An Analysis oí Some Deontic Logics,** 1969, pp. 373 ss.; Carlos E. Alchourrón, **Condizionalità e rappresentazione delle norme giuridiche,** 1988, pp. 241 ss.; John L. Mackie, **Von Wright on Conditionals and Natural Necessity,** 1989, pp. 708 ss.; Arend Soeteman, **Conditional Norms,** 1989, pp. 186 ss.; Lennart Aquist, **On the Logic of Causally Necessary and Sufficient Conditions: Towards a Theory of Motive-Explanations of Human Action,** 1989, pp. 43 ss.). La única forma de superar esos efectos paradójicos consiste para von Wright en incorporar adecuadamente la noción de permisión a la fórmula del compromiso para que quedara así: **O-(-p & -q) & P(-p/-q) & P(-q/p).** El compromiso podría entonces definirse de la siguiente forma: «el hecho de que esté prohibido hacer una determinada cosa y abstenerse de otra determinada cosa en alguna ocasión da lugar a un compromiso para hacer la segunda cosa si se hace la primera cuando, y solamente cuando, el agente es normativamente libre de hacer o abstenerse de hacer la primera cosa y de hacer o abstenerse de hacer la segunda cosa».

(donde t representa una tautología formada por las variables **p,q,r**... y las conectivas de verdad), ya que dos de los constituyentes de la obligación hipotética no están entre los constituyentes de la obligación categórica. Aunque esta independencia no significa exactamente para Von Wright que **O(q/-p)** exprese el deber de hacer q para el caso de que el agente haya incumplido su deber primario de hacer p, puesto que no hay ninguna señal de evidencia en **O(q/-p)** que demuestre que el estado de cosas -p ha sido consecuencia del incumplimiento de una obligación, la expresión **0(q/-p)** parece captar el sentido de la norma hipotética que obliga a hacer que q si es el caso que -p, algo que no consiguen la fórmula prescriptiva **O(-p → q)** ni la fórmula mixta **-p → Oq**»[145].

En **A Correction to a New System of Deontic Logic (1965),** Von Wright reconoce la existencia de defectos en su *nuevo sistema* con repercusiones respecto a la «traducción» en términos anankásticos de su fórmula deóntica del compromiso **O(-p → q).** Los «deberes conflictivos» **O(p/q)** y **O(-p/q)** son en el nuevo sistema compatibles sólo si no coexisten con **O(p/-q)** y **O(-p/-q);** es decir, si no afectan a deberes absolutos, incondicionales, categóricos, sino a deberes relativos, condicionales, hipotéticos. El conflicto de deberes depende de las circunstancias que rodean al agente: aparece únicamente ante determinadas circunstancias, que constituyen lo que Von Wright denomina un «predicamento» (*predicament*)[146]. El ejemplo típico de predicamento es la promesa de hacer algo prohibido, que conduce al dilema de incumplir o bien la norma que obliga a cumplir la promesa, o bien la norma que prohíbe hacer lo que se ha prometido. Von Wright advierte que el predicamento no es independiente de sus circunstancias constituyentes, sino que surge gracias al acto del agente, por lo que este acto está prohibido. En el marco de su «teoría general de la acción», Von Wright utiliza la fórmula diádica **0(-t/p)** como símbolo del predicamento: si es el caso que **p,** «todos los estados de cosas que pudieran resultar de la acción de un agente están prohibidos», no hay salida permitida. Pero una situación de tal naturaleza es en sí misma una situación prohibi-

---

145 Georg H. von Wright, A **New System of Deontic Logic,** 1964, pp. 181-182.

146 Georg **H.** von Wright. **A Correction to a New System of Deontic Logic**, 1965, pp. 103 ss.

da. El predicamento sólo puede surgir «si ha habido un pecado anterior», si el agente ha «caído en una región del árbol de la vida en la que no le está permitido introducirse». Sólo caben predicamentos hipotéticos, condicionales, no predicamentos categóricos, absolutos, que no exigen una «caída» anterior. Utilizando la terminología tomista, Von Wright destaca que una persona puede estar *perplexus secundum quid,* pero no perplexus simpliciter[147].

2.6.3.3. La ambigüedad intrínseca de las partículas condicionales

Para Héctor-Neri Castañeda, las dificultades de Von Wright para formalizar lógicamente la traducción anankástica de la fórmula deóntica del compromiso son fundamentalmente lingüísticas. Como resalta Castañeda, en la mayoría de los idiomas no existen términos que conecten apropiadamente el antecedente y el consecuente de una norma condicional. Partículas inglesas como «if», «when», «only if», «only in the case that», «if and only if», «just in case that»... etc. no expresan exactamente la conectiva lógica y lo mismo cabe decir de «si», «cuando», «sólo si», «sólo en el caso de que», «si y sólo si»... etc. La única solución parece consistir en la transformación de la norma condicional en norma disyuntiva («no **p** o **q**», en vez de «si **p,** entonces **q**», «cuando **p,** entonces **q**», «sólo si **p,** entonces **q**», «sólo en el caso de que **p,** entonces **q**», «si y sólo si **p,** entonces **q**»)[148]. Piénsese en una norma (NI) que diga:

> «Debe ser el caso que *si* cumplimos A, entonces no tengamos que cumplir B» (si, por ejemplo, cumplimos nuestro deber deóntico de socorrer a un accidentado que encontremos, no tenemos que cumplir nuestro deber deóntico de respetar las señales de tráfico con tal de llegar antes a un hospital)

Interpretando equivocadamente la partícula «si» podríamos pensar que estamos realmente ante una norma condicional equivalente a la norma disyuntiva (N2):

---

147 Georg H. von Wright, **An Essay in Deontic Logic and the General Theory of Action,** 1968, pp. 77 ss.

148 Héctor-Neri Castañeda, **The Paradoxes of Deontic Logic: The Simplest Solution to All of Them in One Fell Swoop,** 1981, pp. 43 ss.; **Thinking and Doing,** 1975; cfr. Michael Kremer, **«If» is Unambiguous,** 1987, pp. 199 ss.

«Debe ser el caso que hagamos (categóricamente) lo siguiente: no cumplir A o no tener que cumplir B»

Pero esta norma disyuntiva implica N3:

«Si debe ser el caso que cumplamos A, entonces debe ser el caso que no tengamos que cumplir B»

NI se simbolizaría erróneamente como **O(p → q)**, N2 como **O(-p v q)** y N3 como **Op → Oq.** Así, al malinterpretar el condicional «si» obtendríamos el efecto paradójico de que **O(p → q)** implicara **Op → Oq,** al margen de que pudiera ser **-p** (es decir, estaríamos absurdamente obligados a incumplir nuestro deber deóntico de respetar las señales de tráfico aunque no hubiéramos previamente cumplido nuestro deber deóntico primario de socorrer al accidentado). La clave de la cuestión consiste en que realmente NI no equivale a N2, sino a N4:

«Si cumplimos A, debe ser el caso que incumplamos B»

N4 se representaría lógicamente a través de la fórmula mixta (pero no anankástica) **p → Oq.** Dada la inutilidad de «si» para construir enunciados condicionales, la única manera de lograr una plasmación gramatical de la fórmula deóntica

O(p → q) sin hacer uso de la disyunción («no... *o*»*)* consistiría en incorporar al enunciado la conectiva →. Por ejemplo (N5):

«Debe ser el caso que: declarar mis bienes al Ministerio de Hacienda -» pagar impuestos por mis bienes»

(N5) implica (N6):

«Si debe ser el caso que declare mis bienes al Ministerio de hacienda, debe ser el caso que pague impuestos por mis bienes»

O(p → q) equivale aquí a **Op → Oq.** Pero ahora no es paradójico porque, si es el caso que **Op,** entonces, al margen de que sea **p** o **-p,** es el caso que **Oq** (si existe el deber deóntico de declarar los bienes propios al Ministerio de Hacienda, entonces, al margen de que se cumpla o no este deber deóntico, existe también el deber deóntico - desde luego categórico, y no técnico - de pagar impuestos por los bienes propios). Por el contrario, si utilizásemos «si» en vez de -* no obtendríamos N5, sino N5':

«Debe ser el caso que si declaro mis bienes al Ministerio de Hacienda deba pagar impuestos por mis bienes»

En esta ocasión es más transparente la confusión que introduce «si». N5′ es falso porque mi deber deóntico de pagar impuestos por mis bienes es independiente de que los declare o no los declare.

El núcleo de la cuestión parece residir en que confundimos con bastante frecuencia el «si» que empleamos en las reglas técnicas o imperativos hipotéticos («*si* quieres que ocurra X, debes...»: «*si* quieres hacer habitable la cabaña, debes calentarla», «*si* quieres tener mejor salud, debes no fuma», etc.) con el «si» que empleamos en las reglas condicionales («si ha ocurrido X, debes...»: «si has tenido ingresos anuales superiores a un millón de pesetas, debes declararlos al Ministerio de Hacienda», «si has cumplido dieciocho años, debes hacer el servicio militar», etc.). El primer «si» se refiere a hechos futuros y subjetivos, al deseo de alguien de que ocurra algo. El segundo «si» se refiere a hechos pasados y objetivos, a lo que ha ocurrido previamente. La consecuencia es deóntica en ambos casos («debes calentar la habitación», «debes no fumar», «debes declarar tus ingresos al Ministerio de Hacienda», «debes hacer el servicio militar»), pero el motivo por el cual es una consecuencia deóntica es diferente en cada uno de ellos: razones internas y autónomas en los imperativos hipotéticos, externas y heterónomas en las normas condicionales. En este sentido, Richard Hare ha resaltado que el término «if» tiene en los *imperativos hipotéticos* un *statm* lógico diferente del que tiene en enunciados deónticos puramente condicionales. En los imperativos hipotéticos «si» expresa el elemento propiamente imperativo o *neústico* del enunciado («debes hacer Y si quieres que ocurra X»), mientras que en los enunciados condicionales expresa su elemento indicativo o *frástico.* En el enunciado prescriptivo condicional «si una aserción es falsa, no la formules», «si» expresaría para Hare la parte descriptiva del imperativo, lo cual se comprobaría por el hecho de que también podríamos decir que «en el supuesto de una aserción falsa, te pido que no la formules» o decir «por favor, no formules aserciones falsas»[149].

2.6.3.4. La lógica de los verbos de acción

Von Wright no analiza los condicionales como una clase especial de proposiciones que pueden ser expresadas, y por tanto también juzgadas, conocidas, creídas, etc., sino como un modo de enunciación distinto de la enunciación categórica o incondicional, como un espe-

---

[149] Richard M. Hare, **The Language of Morals,** 1952, pp. 37-38.

cífico acto lingüístico. El esquema «si **p**, entonces **q**» no es ni necesario ni suficiente para la existencia de un condicional, ya que no sólo se emplea para querer condicionar la proposición **p** a la proposición **q**, sino asimismo con otras intenciones diferentes, y tampoco es la única forma de expresar que **p** es condición de q[150].

En particular, Von Wright distingue entre las enunciaciones condicionales «potenciales» y las enunciaciones condicionales «contrafactuales». Los condicionales potenciales consisten en la mera expresión de la fórmula de la implicación material **p → q** sin añadir que es o no es el caso que **p** o que es o no es el caso que **q**, con lo que determinan la intensión o connotación de **p → q**. Los condicionales contrafactuales, por el contrario, sí añaden el dato de la ocurrencia o no ocurrencia de **p**, o de la ocurrencia o no ocurrencia de **q**, determinando la extensión o denotación de **p → q** a través de las cuatro consecuencias lógicas respectivas: la seguridad de que es el caso que **q**, la posibilidad de que sea el caso que **q**, la posibilidad de que sea el caso que **p** y la seguridad de que no sea el caso que **p**[151]. En el contexto de su teoría lógica de las condiciones necesarias y suficientes, Von Wright se aferra al operador deóntico condicional *potencial* **Q(q/p)** para plasmar la *reducción anankástica* de la fórmula deóntica del compromiso: «*si* está en el agente el poder de producir **p**, entonces al producir **p** queda obligado a producir **q**, a menos que **q** sea algo que necesariamente se produce si es el caso que **p**, pues entonces no tiene sentido hablar de obligación»[152]. Su instrumentalismo le conducirá a la distinción entre *Sein-Sollen* y *Tun-Sollen*, expresiones que hacen respectivamente referencia a las normas que establecen que tal o cual cosa debe o puede o no debe ser el caso, y a las normas que establecen que *alguien* debe o puede o no debe hacer tal o cual cosa. Para Von Wright, la teoría lógica de la acción ha girado tradicionalmente en torno a interpretaciones de las normas como enunciados descriptivos que acompañan a los operadores deónticos («es obligatorio que las cosas se den del modo X», «está permitido que las cosas se den del modo X», «está prohibido que las cosas se den del modo X»), sin haber ex-

---

150 Georg H. von Wright, **On Conditionals,** 1957, pp. 130-131.
151 Georg H. von Wright, **On Conditionals,** 1957, pp. 136 ss.
152 Georg H. von Wright, **Deontic Logic and the Theory of Conditions,** 1968, nota 7.

plorado la conjunción de operadores deónticos y verbos de acción, en la que las variables representarían esquemáticamente frases verbales («es obligatorio hacer Y», «está permitido hacer Y», «está prohibido hacer Y»)[153]. En la «teoría lógica de las reglas de acción», construida a partir de las expresiones resultantes de la combinación de operadores deónticos y verbos de acción, desaparecerían los efectos paradójicos denunciados por Castañeda. Mientras que en la lógica tradicional de las *oraciones de acción,* en la cual lo que es obligatorio es que ciertas cosas se den, *si* es obligatorio socorrer a los accidentados, entonces, aunque no se socorra a los accidentados sigue siendo paradójicamente obligatorio no respetar las señales de tráfico, en la lógica de las *reglas de acción,* en la cual lo que es obligatorio es hacer o no hacer determinadas acciones, si debo socorrer a un accidentado, no debo por ello dejar *en cualquier caso* de respetar las señales de tráfico, sino que debo hacerlo sólo si he cumplido mi deber primario[154].

En su reciente trabajo **On Conditional Obligation** (1995), donde vuelve a abordar la reinterpretación anankástica de los deberes deónticos, Von Wright retoma la distinción entre **must** y **ought.** Del mismo modo que hay que diferenciar la norma que establece como obligatorio un determinado estado de cosas del «enunciado de necesidad práctica» concerniente a lo que el agente a quien la norma se dirige tiene que hacer para satisfacer su obligación, es esencial para Von Wright distinguir el deber deóntico **(ought)** relativo al estado de cosas que la norma establece como obligatorio del deber técnico **(must)** relativo a lo que el agente tiene que hacer para satisfacer su obligación. Pero, de alguna forma, afirma Von Wright, ambos deberes son correlativos, y en particular el deber deóntico se puede «leer» como deber técnico[155].

---

[153] Georg H. von Wright, **Deontic Logic Revisited,** 1974, pp. 41-42.

[154] Georg H. von Wright, **Deontic Logic Revisited,** 1974, pp. 55 ss.

[155] Georg H. von Wright, **On Conditional Obligation,** 1995, pp. 3 ss. En la misma línea, en **Ought to be-Ought to do** (1997), von Wright define las normas condicionales como las normas que «prescriben lo que debe («must»), puede o no debe *hacerse* si un determinado estado de cosas es el caso o si una determinada acción se ha realizado», y las normas incondicionales o «primarias» como las normas que «prescriben lo que debe («ought») o no debe o puede *ser*». Cfr. Georg H. von Wright, **Deontic Logic. A personal view,** 1998, pp. 4-8; Schneider, Herbert W., **Teleological Prescriptions and Descriptions,** 1989, pp. 213-214.

2.6.4. La reducción anankástica de las metanormas de competencia

En el ámbito de las metanormas de competencia, el deber se proyecta también para Von Wright como un deber **anankástico,** como un deber instrumental para la consecución del fin de la validez de la nueva norma de conducta. A diferencia de las «normas de primer orden», en las que lo no prohibido está permitido, y lo no permitido no tiene por qué estar prohibido, las «normas de orden superior», en tanto que regulan la actividad normativa, prohíben lo no permitido expresamente: «por lo que respecta a las normas de orden superior parece mucho más natural pensar que «cuanto no se prohíbe, se permite», entendiendo el 'cuanto' como referido solamente al **hacer** y no al **abstenerse de hacer** actos normativos... Ahora bien, la prohibición de que ninguna autoridad normativa debe dar normas que no tenga permiso explícito de dar prohibiría toda actividad normativa, sea cual fuera, incluyendo el acto a través del cual ella misma llegó a ser, a menos que algunas normas permisivas hayan sido dadas primero. Para evitar la contradicción, la autoridad soberana, que delega poder a una sub-autoridad, debe estar exenta de la prohibición en cuestión. Sólo las sub-autoridades pueden ser sus sujetos. **Sus** actos normativos pueden ser considerados de forma consistente como formando un campo de actos normativamente cerrados, en el sentido de que a estas autoridades se les permite ejercer solamente aquel poder normativo que les ha sido delegado y no otro»[156].

Apoyándose en Von Wright, Alchourrón y Bulygin definieron las normas de competencia como «las reglas que confieren a los jueces la facultad de juzgar, estableciendo que ciertas personas *pueden* (son competentes para) entender en ciertos casos y dictar ciertas clases de sentencias, observando determinadas formalidades». Las normas de competencia son para Alchourrón y Bulygin *normas de conducta* dirigidas a los jueces de naturaleza simultáneamente permisiva y constitutiva: son *permisivas* en tanto que «establecen la permisión de realizar ciertos actos en ciertas circunstancias», y *constitutivas* de la autoridad judicial en tanto que «nadie es juez sino en virtud de una norma de competencia y en la medida y con el alcance que esa norma

---

[156] Georg H. von Wright, **Norm and Action,** 1963, pp. 194-195.

determine». El concepto de juez se define entonces «en función de las normas de competencia, que por consiguiente forman parte del significado del término «juez»». Las normas de competencia no imponen obligaciones y prohibiciones a los jueces, no imponen *deberes deónticos,* sino que determinan la denotación o extensión del término «juez» poniendo condiciones necesarias de validez jurídica o institucional de sus actos[157].

Como ha puesto de manifiesto Giuseppe Lorini, la **Carta sobre la tolerancia** de John Locke parece haber anticipado la tesis de Von Wright sobre la correlación entre deber deóntico y deber anankástico en el ámbito de las metanormas de competencia. En ella, Locke estima «necesario, sobre todas las cosas, distinguir exactamente entre las cuestiones del gobierno civil y las de la religión, fijando, de este modo, las justas fronteras que existen entre ellas»[158]. El fin de una sociedad religiosa, afirma Locke, «es el culto público de Dios y, a través de él, la adquisición de la vida eterna, por lo que toda disciplina debe tender a este fin y todas las leyes eclesiásticas deben limitarse a él»[159]. Ninguna autoridad humana puede provocar que lo «indiferente por naturaleza» entre a formar parte del culto a Dios «precisamente por la razón

---

[157] A diferencia de las *normas de competencia,* las *normas de obligación* no son para Alchourrón y Bulygin imprescindibles para el ejercicio de la función judicial: «no se advierte qué inconvenientes ontológicos o eidéticos pueda haber en una definición del concepto de juez en función de normas permisivas, como aquel individuo que puede juzgar. No parece haber nada de contradictorio en la idea de un juez que no *deba* juzgar, pero que *pueda* juzgar;... lo que realmente parece ser imposible -para el sentido usual del término «juez»- es que alguien sea juez y no pueda (no tenga competencia para) juzgar. En cambio, es perfectamente concebible que un juez no tenga ninguna obligación de juzgar -y de hecho parece que se han dado casos de jueces de esta índole-, aunque es verdad que normalmente los jueces tienen, además de la competencia, la obligación de juzgar». En particular, además de las normas de competencia, suele haber a juicio de Alchourrón y Bulygin dos tipos de *normas de obligación* para los jueces: las que le imponen el deber deóntico de *juzgar* y las que le imponen el deber deóntico *de fundamentar jurídicamente sus decisiones.* Vid. Carlos E. Alchourrón y Eugenio Bulygin, **Normative Systems,** 1971 (ed. castellana: **Introducción a la metodología de las ciencias jurídicas y sociales,** 1975, pp. 208-211).

[158] John Locke, **Epístola de tolerantia** (1689), 1968 (trad. castellana: **Carta sobre la tolerancia,** 1985, p. 8). Vid. Giuseppe Lorini, **Anankastico in deontica,** 1995 pp. 167 ss.

[159] John Locke, **Carta sobre la tolerancia,** 1985, p. 16).

de ser indiferente»: «dado que las cosas indiferentes no son capaces, por su propia virtud, de propiciar a la Divinidad, ninguna autoridad ni ningún poder humano pueden conferirles tanta dignidad y excelencia como para volverlas capaces de hacerlo. En los asuntos comunes de la vida, el uso de las cosas indiferentes que Dios no ha prohibido es libre y legal y, por lo tanto, en esas cosas puede intervenir la autoridad humana. Pero no ocurre así en materia de religión. Las cosas indiferentes no son legales en el culto de Dios más que cuando han sido instituidas por Dios mismo y cuando Dios, mediante alguna orden positiva, ha mandado que formen parte de ese culto que El ofrece aceptar de las manos de los pobres y pecadores hombres»[160].

Locke relaciona lo deónticamente *indiferente* con lo deónticamente *legal* según concierna o no a «las cosas de la religión». Mientras que en la actividad religiosa no todo lo que es deónticamente indiferente es legal, en la actividad no religiosa lo que es deónticamente indiferente es siempre legal, lo no prohibido está permitido. Como en las normas de primer orden de Von Wright, en las normas no religiosas de Locke el deber equivale a la obligación categórica de no hacer lo prohibido; pero en las normas religiosas de Locke, igual que en las normas de orden superior de von Wright, el deber no sólo consiste en la obligación categórica de no hacer lo prohibido, sino que engloba también la obligación de no hacer lo deónticamente indiferente. Aparece así implícitamente en Locke el deber anankástico, puesto que la licitud de una acción religiosa depende del cumplimiento de las condiciones necesarias de validez de la norma religiosa que la regula («las cosas indiferentes no son legales en el culto de Dios más que cuando han sido instituidas por Dios mismo y cuando Dios, mediante alguna orden positiva, ha mandado que formen parte de ese culto»).

2.6.5. El deber deóntico en términos constitutivos

2.6.5.1. La reformulación constitutiva de las reglas regulativas en la teoría de la acción de Von Wright

Además de reformular el deber técnico como deber anankástico, Von Wright sugiere también la reinterpretación del deber deóntico propio de las reglas regulativas como deber *constitutivo* o *performativo*.

[160] John Locke, **Carta sobre la tolerancia,** 1985, pp. 36-37).

En particular, al referirse a las reglas de los juegos, afirma que *determinan* «el juego mismo y la actividad de jugarlo» aparentando olvidar que una cosa es «el juego mismo» y otra cosa es «la actividad de jugarlo». «Desde el punto de vista del juego mismo», continúa Von Wright, las reglas determinan «cuáles son los movimientos *correctos*», y desde el punto de vista de la actividad lúdica determinan «cuáles son los movimientos *permitidos*». Los movimientos incorrectos «les están prohibidos a los jugadores», mientras que un movimiento que es el único *posible* en una situación concreta del juego «es obligatorio» para ellos[161].

Von Wright parece confundir así las reglas constitutivas de un juego (por ejemplo, «el fútbol es un juego en el que gana quien mete más goles») con las reglas deónticas que establecen, dentro del juego, lo que está permitido y lo que está prohibido (por ejemplo, «en el fútbol está prohibido tocar el balón con la mano»). En los ordenamientos jurídicos también existen normas de cada uno de estos dos tipos. Existen normas constitutivas, definitorias, como «España se constituye en un Estado social y democrático de Derecho» (art. 1.1 de la Constitución), «El Rey es el Jefe del Estado» (art. 56.1), «El Senado es la Cámara de representación territorial» (art. 69.1) o «El Estado se organiza territorialmente en municipios, en provincias y en las Comunidades Autónomas que se constituyan» (art. 137), y normas puramente deónticas como «Prohibido fumar», «Stop», o «Quienes obtengan ingresos anuales de más de 1 millón de pesetas deberán realizar la declaración correspondiente al IRPF». Es más, incluso dentro de la propia *Constitución* hay numerosas normas no *constitutivas*, sino *deónticas*, como «Ningún español de origen podrá ser privado de su nacionalidad» (art. 11.2), «Nadie podrá ser obligado a declarar sobre su ideología, religión o creencias» (art. 16.2), «La inelegibilidad e incompatibilidad de los Diputados y Senadores comprenderá en todo caso a los componentes del Tribunal Constitucional, al Defensor del Pueblo, a los Magistrados, Jueces y Fiscales en activo...» (Art. 70.1), «Los Estatutos podrán reconocer banderas y enseñas propias de las Comunidades Autónomas» (art. 4.2), «Para adoptar acuerdos, las Cámaras deben estar reunidas reglamentariamente y con asistencia de la ma-

[161] Georg H. von Wright, **Norm and Action,** 1963, pp. 6-7.

yoría de sus miembros» (art. 79. 1), etc. Aunque con una estructura *sintáctica* frecuentemente descriptiva, muchas normas de orden superior como las citadas son *pragmáticamente* deónticas. Se expresen o no en el modo indicativo, tienen intenciones claramente imperativas.

A diferencia de las reglas constitutivas, las reglas técnicas no *constituyen o* definen la realidad que regulan, no *son condición* de la praxis que regulan sino que *presuponen condiciones* en relación con ella. El comportamiento que la regla técnica ordena se prescribe bajo la *condición subjetiva* de perseguir un fin y en tanto que *condición objetiva* de consecución de dicho fin. La regla técnica se basa en lo que Von Wright denomina «proposición anankástica», la cual *pone* la condición presupuesta por la regla técnica. Esta tiene como trasfondo una intención declarada de lograr un fin, mientras que la proposición anankástica se limita a describir un estado de cosas que es condición de otro estado de cosas (véase *supra* Cap. I).

La condición que presupone una regla técnica puede ser en sí misma una norma jurídica constitucional. Por ejemplo, un estudioso de nuestra Constitución podría formular la siguiente proposición normativa técnica: «Si quieren tomar acuerdos, las Cámaras deben estar reunidas reglamentariamente y con asistencia de la mayoría de sus miembros». Esta regla técnica se *funda* en la norma «Para adoptar acuerdos, las Cámaras deben estar reunidas reglamentariamente y con asistencia de la mayoría de sus miembros» (art. 79. 1 de la Constitución Española). La regla técnica y la norma constitucional en que se funda podrían incluso ser sintácticamente idénticas (el constitucionalista también podría haber dicho que «para adoptar acuerdos, las Cámaras deben estar reunidas reglamentariamente y con asistencia de la mayoría de sus miembros»), pero tal identidad sintáctica no debe inducir al error de considerar que estamos ante una única y misma regla[162].

---

[162] La identidad entre la proposición normativa técnica y la norma en que se basa puede ser no sólo sintáctica, sino además semántica, lo que obligaría a indagar en sus respectivas características pragmáticas para diferenciarlas. Si nos fijamos de nuevo en la norma «Para adoptar acuerdos, las Cámaras deben estar reunidas reglamentariamente y con asistencia de la mayoría de sus miembros» y en la formalmente idéntica proposición normativa del constitucionalista, parecería que estos dos enunciados, sintácticamente idénticos, se diferencian por su significado, puesto que la primera prescribe una

En el marco del juego del ordenamiento jurídico, el art. 79.1 de la Constitución se refiere a cómo hay que actuar en el juego, a cómo es la actividad institucional de acuerdo con lo que establece el precepto en cuestión. A diferencia de él, otras normas constitucionales constitutivas o performativas como las citadas en primer lugar («España se constituye en un Estado social y democrático de Derecho», «El Rey es el Jefe del Estado», «El Senado es la Cámara de representación territorial»...) no dan instrucciones sobre cómo hay que actuar en el juego, sobre cómo es la actividad institucional, sino que constituyen un sistema institucional. Von Wright distingue la regulación del sistema institucional de la regulación de la actividad institucional, pero asume equivocadamente ambas como consecuencias lógicas de la existencia de un sólo tipo de normas que tendrían la doble función de definir instituciones y prescribir su modo de funcionamiento.

El deber deóntico se interpreta también como deber constitutivo o performativo en el contexto de la oposición entre frástico *y* neústico de Hare, en la teoría de los actos lingüísticos ilocucionarios de Searle y en la teoría de la constitutividad normativa de Carcaterra.

---

relación técnica de condición necesaria mientras que la segunda la describe. Pero esta apreciación presupone un juicio de intenciones que no puede confirmarse mediante datos exclusivamente semánticos, sino que requiere analizar pragmáticamente el contenido de las metanormas que, en el contexto del ordenamiento, condicionan la validez pragmática de los actos deónticos de creación de normas primarias. Esta concepción expresivista de las normas arranca de Kelsen y ha sido especialmente desarrollada por Bulygin, para quien las normas, más que un tipo específico de enunciados, son el resultado de las acciones realizadas por quien legisla u ordena (Bulygin ha llegado a decir que «la diferencia entre una aserción, una pregunta, un mandato y una conjetura no reside en el significado de la oración utilizada, sino en el diferente uso de una y la misma oración». Vid. Eugenio Bulygin, **Norms and Logic. Kelsen and Weinberger on the Ontology of Norms,** 1985, pp. 145 ss.; Carlos E. Alchourrón y Eugenio Bulygin, **The Expressive Conception of Norms,** 1981, pp. 95 ss.). Frente al expresivismo, la concepción *hilética* como respuesta al problema ontològico de las normas ha partido de la diferenciación exclusivamente semántica entre normas y proposiciones (vid. Ota Weinberger, **The expressive conception of norms: an impasse for the logic of norms,** 1985, pp. 178 ss.; Georges Kalinowski, **Sobre la importancia de la lógica deóntica para la filosofía del derecho,** 1987, pp. 163 ss.; Héctor-Neri Castañeda, **Thinking and Doing,** 1975).

2.6.5.2. La reformulación constitutiva de las reglas regulativas en la lógica de los descriptores de Hare

Para Hare, los enunciados indicativos universales como «todos los guerreros son valerosos» (el clásico ejemplo de Husserl) pueden reformularse de tal modo que el neústico se explicite a través de enunciados como «es el caso que todos los guerreros son valerosos». El neústico es entonces indicativo, pero podemos transformarlo imperativamente sustituyendo «es el caso que» por «sea que» o por «que sea el caso que», y pasando al subjuntivo el verbo principal: «sea *que* todos los guerreros sean valerosos». Este último enunciado es asimismo equivalente a «todos los guerreros *deben* ser valerosos», en el que el verbo «deber» tiene ajuicio de Hare un significado distinto del usual, un significado performativo o *neústico* (Hare emplea la cursiva para expresar este «deber neústico» como *ought;* para mayor claridad, expresaré como deber2 el deber neústico o performativo, y como deberl el deber «frástico» o «constatativo»). El deberl o deber frástico se puede reducir lógicamente a deber2 o deber neústico, tanto si se trata de un deber categórico como si se trata de un deberl hipotético. El imperativo categórico «debesl decir la verdad» puede leerse también como (puede reducirse lógicamente a) «si no dices la verdad, romperás un principio de deber2 categórico que yo suscribo mediante el presente enunciado»; es decir, puede reinterpretarse performativamente como tal acto lingüístico. Y, análogamente, el imperativo hipotético «debes meter el embrague para cambiar de marcha» puede leerse también como (puede reducirse lógicamente a) «si no metes el embrague para cambiar de marcha, romperás un principio de deber2 *hipotético* que yo suscribo mediante el presente enunciado»[163].

2.6.5.3. La reformulación constitutiva de las reglas regulativas en la teoría de los actos lingüísticos de Searle

2.6.5.3.I. La constitutividad como presuposición de institucionalidad

Puede encontrarse una similar reformulación del deber deóntico en términos constitutivos o performativos en Searle, para quien «las reglas constitutivas regulan y también constituyen formas de actividad cuya

[163] Richard M. Hare, **The Language of Moráis,** 1952, pp. 190-194.

existencia es lógicamente dependiente de las reglas»[164]; no sólo regulan nuevas formas de conducta, sino que a la vez las crean, las definen: «las reglas constitutivas no sólo regulan; crean o definen nuevas formas de conducta. Las reglas del fútbol o del ajedrez, por ejemplo, no sólo regulan el juego del fútbol o del ajedrez, sino que es como si crearan la posibilidad de jugar a tales juegos»[165]. Searle llega incluso a citar como ejemplos de reglas constitutivas las normas (realmente no constitutivas, sino regulativas) «no se debe robar», «no se debe mentir», «se deben pagar las deudas». «No se debe robar» es para Searle una regla constitutiva de la institución de la propiedad privada si se entiende en el sentido de que reconocer que una cosa es propiedad de alguien implica necesariamente reconocer que tiene el derecho a disponer de ella[166]. Análogamente, «no

---

164 John R. Searle, **How to derive «ought» from «is»,** 1964, p. 131. Es de destacar que Searle se remonte a un artículo de John Rawls de 1955 **(Two concepts of rules)** para explicar su concepto de regla constitutiva. En ese artículo, Rawls ya habla de las «reglas de la práctica» («rules of practice»), de las reglas que «son lógicamente anteriores a los casos particulares en el sentido de que, si no existieran, los términos referentes a las acciones especificadas por ellas carecerían de sentido» (p. 25). Estas reglas que «constituyen» nuevas realidades son para Rawls presupuestas por todo aquél que realiza una conducta conforme o no con las «reglas sumarias» («summary rules») o regulativas, que a diferencia de las reglas constitutivas sí son posteriores y dependientes de las prácticas que regulan. En **A Theory of Justice,** Rawls explícita su concepto de «regla constitutiva». Tras citar a Searle, distingue «las reglas constitutivas de una institución que establecen los distintos derechos y deberes» de las reglas relativas a «cómo beneficiarse individualmente de las instituciones», las cuales «no forman parte del sistema público de reglas que define esas mismas instituciones» (pp. 56-57).

165 John R. Searle, **Speech Acts. An Essay in the Philosophy of Language,** 1969, pp. 33-34. Muy similar es el sentido en que Alf Ross señala que las reglas constitutivas «también prescriben comportamientos», como las reglas regulativas, aunque «se refieren a la actividad que regulan de modo esencialmente distinto»: tal actividad no es natural, sino que «sólo puede entenderse si la acción se interpreta en términos de reglas constitutivas» (Alf Ross, **Directives and Norms,** 1968 (trad. cast.: **Lógica de las normas,** 1971, p. 57)). Resulta extraño que en la correspondiente nota a pie de página Ross afirme que sólo después de haber plasmado en tal sentido la distinción entre las reglas regulativas y las reglas constitutivas la leyera en trabajos de Searle y Hare.

166 Searle resalta que enunciados como la famosa frase de Proudhon «la propiedad es un robo» no tienen sentido si se toman como comentarios desde dentro de las instituciones. La frase de Proudhon hay que entenderla como un comentario externo de ataque y rechazo de la institución de la propiedad privada. Su fuerza proviene precisamente de su aire paradójico, tan paradójico como el del enunciado «la verdad es una mentira» (John R. Searle, **Speech Acts. An Essay in the Philosophy of Language,** 1969, p. 186).

se debe mentir» y «se deben pagar las deudas» son para Searle reglas constitutivas si se entienden respectivamente en el sentido de que hacer una aserción necesariamente implica asumir la obligación de hablar verazmente, y en el sentido de que reconocer una deuda necesariamente implica reconocer la obligación de pagarla[167].

En su reciente libro **The Construction of Social Reality,** Searle insiste en que los deberes deónticos «generan» deberes constitutivos, reglas constitutivas reconducibles al esquema «X cuenta como Y». Aunque el derecho penal se compone conceptualmente de reglas regulativas que expresan deberes deónticos, en particular de reglas que prohíben determinadas formas de conducta previamente existentes, las sanciones penales exigen para Searle la imposición de un nuevo *status* a quien transgrede la norma penal. A quien mata concurriendo determinadas agravantes se le asigna el *status* de *asesino*; a quien abusa sexualmente en determinados contextos de superioridad se le asigna el *status* de *violador* aun no habiendo coito; a quien hurta en determinadas circunstancias se le juzga por robo y no por *hurto*. El *status* de *asesino*, de *violador* o de condenado por *robo* determina a su vez la pena concreta, de tal forma que se puede afirmar que la regla regulativa «No matarás» *genera* la regla constitutiva «Matar, bajo determinadas circunstancias, cuenta como asesinato, y el asesinato cuenta como un delito punible con x años de cárcel», que la regla regulativa «No abusarás sexualmente» *genera* la regla constitutiva «Abusar sexualmente, bajo determinadas circunstancias, cuenta como violación, y la violación cuenta como un delito punible con x años de cárcel», y que la regla regulativa «No te apropiarás de los bienes ajenos» *genera* la regla constitutiva «Apropiarse de los bienes ajenos, bajo determinadas circunstancias, cuenta como robo, y el robo cuenta como un delito punible con x años de cárcel»[168].

Fuera del derecho penal, el esquema de la reglas constitutivas «X cuenta como Y» se reproduce de tal manera que las condiciones establecidas por X suelen estar sólo incidentalmente relacionadas con el *status* y la función fijados por Y, haciendo falta un acuerdo social *convencional* para «imponer» dicho status y dicha función sobre el

---

167 John R. Searle, **Speech Acts. An Essay in the Philosophy of Language,** 1969, pp. 186 ss.

168 John R. Searle, The Construction of Social Reality, 1995, p. 50.

fenómeno designado por X, y sin que baste por tanto la mera referencia a las características físicas de X. Así son nuestras decisiones sobre cómo se usará el dinero, el símbolo de un país o una señal de tráfico. E incluso cuando se exigen determinados requisitos para poder realizar determinados tipos de actos (por ejemplo, el título de médico para operar, el título de periodista para informar, el título de arquitecto para construir), el permiso (deóntico) genera la asignación (constitutiva) del *status* de médico, periodista o arquitecto (haber estudiado la licenciatura en medicina (X) *cuenta* como ser médico (Y), haber estudiado la licenciatura en periodismo (X) *cuenta* como ser periodista (Y), haber estudiado la licenciatura en arquitectura (X) *cuenta* como ser arquitecto (Y)). De hecho, dentro del típico esquema de la reglas constitutivas «X cuenta como Y» lo normal es que escojamos un determinado X porque tiene teóricamente las características necesarias para cumplir la función que expresa Y. «Médico», «periodista» y «arquitecto» son términos que nombran *status* con funciones que dependen de entidades sociales (por ejemplo, la universidad). Pero Searle subraya que incluso en estos casos los rasgos determinados por X no bastan para garantizar el *status* expresado por Y. El acuerdo convencional respecto a las condiciones de posesión del *status* (por ejemplo, tener un título universitario oficial) es *constitutivo* de la propia posesión del *status, y* su posesión en sí misma es esencial para cumplir la función que se le asigna[169].

2.6.5.3.2. La crítica de Raz a Searle

Joseph Raz ha destacado que el planteamiento de Searle nos conduce irremisiblemente a la conclusión de que todas las reglas son a la vez *regulativas* y *constitutivas*. Reglas deónticas que regulan compor-

---

[169] John R. Searle, **The Construction of Social Reality,** 1995, pp. 49 ss. Más adelante, Searle diferencia dos categorías de status: los «poderes positivos» y los «poderes negativos». Los primeros hacen referencia a deberes *anankásticos*, a «poderes, certificados, autorizaciones, habilitaciones, derechos, permisos o cualificaciones» que posee el agente y le capacitan para hacer algo, y para que lo que haga **cuente** institucionalmente, por lo que actúan sobre él influyendo indirectamente en su comportamiento. Los segundos hacen referencia a deberes **deónticos,** a «exigencias, obligaciones, vínculos, castigos, prescripciones o coacciones» que actúan sobre el agente influyendo directamente en su comportamiento (ibid, pp. 100 ss.).

tamientos como la que obliga a pagar impuestos se podrían considerar *constitutivas* en tanto que, aunque no *constituyen* la praxis a la que se refieren (no crean, definen o constituyen la *institución* de la tributación), sí *presuponen* tal constitución al establecer lo que es obligatorio, está prohibido o está permitido en el contexto de la institución, al describir *institucionalmente* la praxis regulada de una forma diferente a como se haría si no existiera la regla. Inversamente, reglas como «Decir «yo prometo hacer X» cuenta como obligarse a hacer X» podrían no interpretarse para Raz como constitutivas (como constitutivas de la institución de la promesa), sino como regulativas en el sentido de que realizan una descripción *bruta* o «natural» (no institucional) de una praxis que no es creada por la regla, sino que existe previa e independientemente de ella[170].

A partir del concepto ambiguo de «regla constitutiva» proporcionado por Searle, Raz parece así aceptar la posibilidad de reducción del deber deóntico a deber «institucional», y, recíprocamente, la posibilidad de reducción del deber «institucional» a deber deóntico. La primera de estas dos reducciones ha sido también justificada por González Lagier al afirmar que «todas las normas, incluidas las nor-

---

[170] Raz compara los dos siguientes pares de «descripciones de actos»: 1) respecto a la regla regulativa que obliga a pagar el impuesto sobre la renta, la descripción «dar cincuenta libras a Mr. Jones» (la) y la descripción «pagar el impuesto sobre la renta» (1b); 2) respecto a la regla constitutiva de la promesa, la descripción «decir yo prometo'» (2a) y la descripción «prometer» (2b). «Damos por supuesto que uno puede pagar su impuesto sobre la renta dando a Mr. Jones, que sucede que es inspector de Hacienda, cincuenta libras, y que uno puede prometer (digamos, pagar cincuenta libras a Mr. Jones) diciendo 'yo prometo' (en réplica a la petición de Mr. Jones de que prometa pagar cincuenta libras). Hay, sin duda, otras maneras de pagar el propio impuesto sobre la renta, y otras maneras de prometer, pero esto es irrelevante para nuestro propósito. Sobre la base de lo que hemos dado por supuesto, las descripciones la y 2a especifican actos que están en conformidad con las reglas de una manera que podría formularse con independencia de que haya o no tales reglas. Por consiguiente, **las reglas son regulativas.** Las descripciones 1b y 2b describen acciones en conformidad con las reglas de una manera que no podría formularse si no hubiera tales reglas. Por consiguiente **las reglas son, también, constitutivas.** Dado que para toda regla puede formularse un par semejante de descripciones de actos, **todas las reglas son a la vez constitutivas y regulativas».** Vid. Joseph Raz, **Practical Reason and Norms,** 1975 (trad. cast.: **Razón práctica** y **normas,** 1991, pp. 124 ss.). Cfr. Joseph Raz, **Promises and Obligations,** 1977, pp. 210 ss.

mas regulativas o normas de conducta, tienen alguna dimensión constitutiva», mayor o menor según el grado de institucionalidad de la praxis que describen. A juicio de González Lagier, cuando Raz indica que todas las reglas son a la vez regulativas y constitutivas está realmente queriendo decir que las conductas que se realizan en conformidad con las reglas admiten *descripciones naturales* y *descripciones institucionales,* y que son *regulativas* en tanto que las conductas admiten descripciones *naturales,* y son *constitutivas* en tanto que admiten descripciones **institucionales.** Raz no tendría entonces presente que las «reglas regulativas» de Searle regulan conductas no sólo describibles «naturalmente», sino también «institucionalmente», por lo que haría falta un nuevo criterio de distinción, que para González Lagier lo ofrece la oposición entre las descripciones de conducta **interpretativas** (es decir, las descripciones que hacen referencia a conductas **convencionalmente** interpretables y clasificables según determinados tipos de factores como sus requisitos causales, la intención del agente, sus efectos, sus formas lingüísticas, etc.) y las descripciones de conducta **no interpretativas.** De acuerdo con este criterio de distinción, González Lagier redefine las reglas regulativas como las relativas a praxis que pueden ser «descritas como conductas no interpretadas, como acciones naturales interpretadas o como acciones institucionales», y las reglas constitutivas como las relativas a praxis que pueden ser «descritas como conductas no interpretadas o como acciones institucionales». Aunque alterando parcialmente la perspectiva de Searle, González Lagier también parece reducir el deber deóntico a deber institucional, también **institucionaliza** la praxis regulada por las reglas regulativas al reconocerles «cierto grado de fuerza constitutiva»[171].

---

[171] Daniel González Lagier, **Clasificar acciones. Sobre la crítica de Raz a las reglas constitutivas de Searle,** 1993, pp. 271-273. González Lagier precisa que las reglas constitutivas tienen más *fuerza constitutiva* que las reglas regulativas porque, a diferencia de ellas, *crean* acciones que no podrían ser descritas interpretativamente si no existieran las reglas: «las reglas regulativas *reclasifican* acciones ya clasificadas. Las reglas constitutivas *clasifican* la conducta no clasificada previamente (o clasificada con un nivel bajo de interpretación), por no existir posibilidad de hacerlo al margen de la regla». Por consiguiente, la distinción entre las reglas regulativas y las reglas constitutivas no sólo depende para González Lagier de la mayor o menor fuerza constitutiva de la regla, sino también del diferente grado de interpretabilidad de

2.6.5.4. La reformulación constitutiva de las reglas regulativas en la teoría de la constitutividad normativa de Carcaterra

Como von Wright y Searle, Carcaterra ha reinterpretado asimismo las reglas deónticas como reglas constitutivas. La función de las normas deónticas u obligatorias es para él la de **constituir** en el sistema normativo el efecto de que B deba hacer C. Es decir, «B debe hacer C» se debería reformular para Carcaterra como «Con el presente acto se dispone que, según el sistema jurídico, B deba tener el comportamiento C». El lenguaje efectivo del legislador («B debe tener el comportamiento C») sería entonces elíptico y dejaría oculta la plasmación lingüística del carácter genuinamente constitutivo o performativo de las normas jurídicas: «La «causa», la función, el significado de la normación obligatoria es entonces la de producir un efecto *en el* sistema: en concreto, la de hacer que, *según* el sistema, B deba hacer C. Y es evidente que esta actividad es constitutiva... Quien ejerce un poder normativo, tanto en el caso de las normas obligatorias como en el de las no obligatorias, produce el efecto sistemático perseguido inmediata y contextualmente. Al poner la norma, la autoridad A, concurriendo determinadas circunstancias, *hace* que el sistema contenga la determinación por la cual el destinatario B debe realizar el acto C. Nos encontramos de nuevo ante una actividad esencialmente operativa, en concreto dispositiva, estatutoria, constitutiva»[172].

---

la conducta correlativa. Si no existiera previamente la norma regulativa tributaria que obliga a pagar el impuesto de la renta, la descripción institucional *Pagar el impuesto de la renta* «no estaría disponible» como descripción de los movimientos corporales correspondientes, pero sí lo estaría la descripción natural interpretativa *Dar cincuenta libras a Mr. Jones,* por lo que podríamos clasificar la conducta en cuestión y dar de ella una descripción interpretativa, aunque no institucional. Si lo que no existe previamente es la regla constitutiva de la promesa según la cual prometer equivale a asumir una obligación, la descripción institucional *Prometer* «no estaría disponible» como descripción de los movimientos corporales correspondientes, y tampoco lo estaría la descripción natural interpretativa *Decir «yo prometo»,* que tendría tan poco sentido como la descripción *Prometer.* Sin la regla constitutiva, la descripción *Decir «yo prometo»* significaría «emitir los sonidos *yo prometo»,* una descripción en términos de movimientos corporales «o al menos una descripción en un nivel bajo de interpretación» (ibid, pp. 274 ss.).

172 Gaetano Carcaterra, **Il normativismo e la forza costitutiva delle norme,** 1988, pp. 128-130.

2.6.5.5. Los imperativos ejecutivos de Olivecrona

La perspectiva de Hare, Searle y Carcaterra es inversa a la de Karl Olivecrona, quien atribuye carácter *imperativo* a determinados tipos de actos *performativos*. El enunciado performativo del Génesis «Hágase la luz» posee por ejemplo para Olivecrona carácter imperativo, *deóntico,* a pesar de no tener un destinatario concreto a quien influir con la amenaza de un perjuicio para el supuesto de su incumplimiento. Olivecrona concibe «Hágase la luz» como un «imperativo impersonal», como una regla *regulativa* o *deóntica,* aparentando así no ser consciente de que, como acto performativo que es, no pretende modificar estados de cosas *indirectamente* a través de su influencia en comportamientos ajenos, sino que los modifica *directamente:* no ordena que se *haga la luz,* sino que produce, *hace,* la luz con la fuerza de sus propias palabras[173].

Las normas jurídicas nacen para Olivecrona en el contexto de un *imperantum,* de un conjunto entremezclado de convenciones, hábitos sociales y formalidades que condicionan su validez. Son también imperativos impersonales, abstractos, independientes de la relación personal existente entre el legislador y los ciudadanos, entre el *imperator* y los destinatarios de los imperativos jurídicos. Incluso las normas jurídicas que no obligan a (o prohíben) realizar acciones, sino que *adscriben* rango institucional a determinados *hechos brutos* (normas como las matrimoniales, las testamentarias, las que establecen una edad o una posición para ejercer determinados derechos, etc.) son imperativas. Olivecrona reduce así el deber *constitutivo o performativo* a deber *deóntico:* «Si le doy mi reloj a mi hijo y le digo «Sea tuyo este reloj»... el *imperativo* se refiere a que mi hijo adquiere la propiedad de este reloj»[174].

Asumiendo la ficción de que las normas jurídicas adscriptivas *ordenan,* Olivecrona las considera «imperativos de existencia», en tanto que se refieren «a la forma en que comienzan a existir derechos y cualidades jurídicas», o «imperativos ejecutivos», en tanto que *ejecu-*

---

[173] Karl Olivecrona, **Law as Fact (1939), 1971** (trad, cast.: **El derecho como hecho. La estructura del ordenamiento jurídico,** 1980, p. 209).

[174] Karl Olivecrona, El derecho como hecho. La estructura del ordenamiento jurídico, 1980, pp. 128-131.

tan cambios en la praxis sobre la que versan. Normas de Derecho Romano como la que establecía que el hijo vendido por tercera vez pasaba a ser hombre libre o como la que consideraba *sacer* al *patronus* que hubiera actuado fraudulentamente ante una persona dependiente de él, o expresiones testamentarias como «X heres esto» («X será mi heredero»), eran ya a juicio de Olivecrona ejemplos de *imperativos ejecutivos,* que producían «efectos psicológicos» derivados de la consciencia generalizada de que poseían consecuencias jurídicas inmediatas: «cuando el hijo se convertía en hombre libre, se derivaba lógicamente que había de ser tratado como tal... Se vinculaban determinadas ideas relativas a la conducta a la idea de la existencia de determinadas situaciones jurídicas»[175]. En particular, la cadena causal correspondiente enlaza para Olivecrona los siguientes hechos: «las palabras de la ley, visibles en las tablas colocadas en el Foro -» reverencia general por esta ley -* sentimiento general de estar obligado a obedecer la ley -> se producen ciertos sucesos, como las tres *mancipatio* del hijo -> se supone que la situación jurídica se ve alterada -> por ello, hay que actuar en cierta forma». Como se desprende del último efecto de la cadena causal, los imperativos ejecutivos son «verdaderos instrumentos para guiar la conducta de los individuos», ya que su efecto psicológico inmediato consiste en crear en sus destinatarios la idea de que una serie de consecuencias jurídicas «de naturaleza suprasensible» ocurren en la realidad en concordancia con el sentido de los imperativos. El nexo entre los *hechos brutos* y los *hechos institucionales,* entre lo que Olivecrona denomina «el mundo natural» y «el mundo suprasensible», se produce a través de los imperativos ejecutivos, que «pertenecen al mundo natural, pero a la vez se supone que modelan la esfera suprasensible de derechos, deberes y cualidades jurídicas»[176].

---

175 175Karl Olivecrona, El derecho como hecho. La estructura del ordenamiento jurídico, 1980, pp. 210-211.

176 176Karl Olivecrona, **El derecho como hecho. La estructura del ordenamiento jurídico,** 1980, p. 212. Olivecrona considera absurdo atribuir a las *palabras legales* efectos que no sean psicológicos, tan absurdo cómo atribuir a un hechicero el poder de provocar la lluvia. Como ya Austin puso de relieve, damos por hecho que un barco se llama **Reina Elisabeth** si la persona indicada ha roto una botella de champaña sobre su casco a la vez que dice «doy a este barco el nombre de **Reina Elisabeth»,** pero si es un desconocido quien rompe la botella sobre el casco del barco a la vez que dice «doy a este barco el nombre de *Generalísimo Stalin»,* no nos quedamos con La idea de que el barco se llama

Olivecrona no parece percibir plenamente que este tipo de normas adscriptivas, performativas o constitutivas que abundan en todos los ordenamientos jurídicos no modifican indirectamente estados de cosas a través de su influencia en sus destinatarios, sino que los modifican directamente al producir por sí mismas nuevas realidades normativas. Las palabras publicadas del legislador provocan por sí mismas cambios en determinados estados de cosas, ya que las normas creadas son condición necesaria y suficiente de la realidad jurídica que nace, determinando así la connotación o intensión de sus propias palabras. Este poder constitutivo es reducido por Olivecrona a deber imperativo, a deber deóntico.

Generalísimo Stalin. El efecto es para Olivecrona meramente psicológico, como lo demuestra la inutilidad de discutir si el barco tiene *objetivamente* uno u otro nombre: «el nombre, hablando objetivamente, no está vinculado al barco, aun cuando se pinten en el casco determinadas letras. Lo que ocurre simplemente es que la gente utiliza ese nombre al referirse al barco» (Ibid, pp. 213 ss.; Vid. Karl Olivecrona, **Legal Language and Reality,** 1962, pp. 151 ss.; **Election and Creation,** 1962, pp. 383 ss.; John L. Austin, **How to Do Thing with Words,** 1962, pp. 6 ss. Cfr. Silvana Castignone, **«Le parole del fare»: Austin, Olivecrona, Ross e la «fallacia preformativa»,** 1981, pp. 439 ss.; Piero Pollastro, **Imperativo performativo in Karl Olivecrona: un concetto ambiguo,** 1983, pp. 233 ss.;Teresa Bejarano, **Nota sobre «permito que»,** 1992, pp. 943-945, quien utiliza la expresión «órdenes performativas» en el mismo sentido que Olivecrona atribuye a los «imperativos ejecutivos»).

Bibliografia

Aarnio, Aulis, *The Rational as Reasonable*. Dordrecht, Reideil, 1987.

Alchourrón, Carlos E., *Condizionalità e rappresentazione delle norme giuridiche*. En: Martino, Antonio A. Socci Natali, Fiorenza, *Analisi automatica dei testi giuridici*. Milano, Giuffrè, 1988, pp. 241-254.

Alchourrón, Carlos E./Bulygin Eugenio, *Normative Systems*. Wien, New York, Springer-Verlag, 1971. Edición castellana: Alchourrón, Carlos E./Bulygin Eugenio, *Introducción a la metodología de las ciencias jurídicas y sociales*. Buenos Aires, Astrea, 1975.

Alchourrón, Carlos E./Bulygin, Eugenio, *The Expressive Conception of Norms*. En: Hilpinen, Risto (ed.), *New Studies in Deontic Logic*. Dordrecht, Reidel, 1981, pp. 95-124.

Alchourrón, Carlos E./Bulygin, Eugenio, *Análisis lógico y derecho*. Madrid, Centro de Estudios Constitucionales, 1991.

Ambrosoli, Lodovico, *Giurisprudenza filosófica*. Milano, Carlo Turati, 1846.

Amselek, Paul, *Méthode phénoménologique et théorie du droit*. Paris, Librairie générale de droit et jurisprudence, 1964.

Anderson, Alan R., A *Reduction of Deontic Logic to Alethic Modal Logic*. «Mind», 67 (1958), pp. 100-103.

Anderson, Alan R., *The Logic of Norms*. «Logique et Analyse», 1 (1958), pp. 84-91.

Anderson, Alan R., *Logic, Norms, and Roles*. En: Criswell, Joan H./Solomon, Herbert/Suppes, Patrick (eds.), *Mathematical Methods in Small Group Process*. Stanford, Stanford University Press, 1962, pp. 11-22.

Anderson, Alan R., *The Logic of Hohfeldian Propositions*. «Logique et Analyse», 12 (1970), pp. 231-242.

Anderson, Alan R., *Comments on von Wright's 'Logic and Ontology of Norms'*. En: Davis, John W. (ed.), *Philosophical Logic*. Dordrecht, Reidel, 1969, pp. 108-113.

Anscombe, Elisabeth M., *Intention*. Oxford, Basil Blackwell, 1957.

Anscombe, Elisabeth M., *On Practical Reasoning*. En: Raz, Joseph (ed.), *Practical Reasoning*. Oxford, Oxford University Press, 1978, pp. 33-45.

Anscombe, Elisabeth M., *Von Wright on Practical Inference*. En: Schilpp, Paul A./Hahn, Lewis E. (ed.), *The Philosophy of Georg Henrik von Wright*. La Salle (Illinois), Open Court, 1989, pp. 377-403.

Aquist, Lennart, On the Logic of Causally Necessary and Sufficient Conditions: Towards a Theory of Motive-Explanations of Human Action. «Erkenntnis», 31 (1989), pp. 43-75.

Aquist, Lennart/Hoepelman, Jaap, *Some Theorems About a «Tree» System of Deontic Tense Logic*. En: Hilpinen, Risto (ed.), *New Studies in Deontic Logic*. Dordrecht, Reidel, 1981, pp. 187-224.

Aristóteles, *Refutaciones sofísticas*. En: Aristóteles, *El Organon*. Ed. a cargo de Francisco Larroyo. México, Porrúa, 1982, pp. 337-372.

Aristóteles, *Primeros analíticos*. En: Aristóteles, *El Organon*. Ed. a cargo de Francisco Larroyo. México, Porrúa, 1982, pp. 65-148.

Aristóteles, *Etica a Nicómaco*. Ed. a cargo de María Araujo y Julian Marías. Madrid, Instituto de Estudios políticos, 1970.

Atienza Rodríguez, Manuel, *Sobre la analogía en el derecho*. Madrid, Civitas. 1986.

Atienza Rodríguez, Manuel/Ruiz Mañero, Juan, *Sulle regole che conferiscono poteri*. Traducción italiana de Riccardo Guastini. En: Comanducci, Paolo/Guastini, Riccardo (eds.), *Analisi e diritto. 1994*. Torino, Giappichelli, 1994, pp. 55-84.

Atienza Rodríguez, Manuel/Ruiz Manero, Juan, *Las piezas del derecho*. Barcelona, Ariel, 1996.

Austin, John, *Lectures on Jurisprudence* (1863). Ed. a cargo de Robert Campbell. London, John Murray, 1885.

Austin, John Langshaw, *How to Do Things with Words. London,* Oxford University Press, 1962.

Azzoni, Giampaolo M., *Regola tecnica tra ontico e deontico.* «Rivista internazionale di filosofia del diritto», 64 (1987), pp. 297-321.

Azzoni, Giampaolo M., Il concetto di condizione nella tipologia delle regole. Padova, Cedam, 1988.

Azzoni, Giampaolo M., Cognitivo e normativo. *Il paradosso delle regole tecniche.* Milano, Franco Angeli, 1991.

Azzoni, Giampaolo M., *Interpretazioni di Hohfeld.* «Materiali per una storia della cultura giuridica», 24 (1994), pp. 443-488.

Barker, Donald R., *Hypothetical Promising and J. R. Searle.* «The Southwestern Journal of Philosophy», 3 (1972), pp. 21-34.

Barker, John A., Hypotheticals: *Conditionals and Theticals.* «The Philosophical Quarterly», 23 (1973), pp. 335-345.

Bayón, Juan C., *Deber jurídico.* En: Garzón Valdés, Ernesto/ Laporta, Francisco J. (ed.), *El derecho y la justicia.* Barcelona, Trotta, 1996, pp. 313-331.

Bejarano, Teresa, *Nota sobre «permito que».* «Theoria», 7 (1992), pp. 941-951.

Black, Max, *Necessary Statements and Rules.* «The Philosophical Review», 67 (1958), pp. 313-341.

Black, Max, *The Gap between «Is» and «Should».* «The Philosophical Review», 73 (1964), pp. 165-181.

Black, Max, Some Remarks about *Practical Reasoning.* En: Schilpp, Paul A./Hahn, Lewis E. (ed.), *The Philosophy of Georg Henrik von Wright.* La Salle (Illinois), Open Court, 1989, pp. 405-415.

Bobbio, Norberto, L'indirizzo fenomenologico nella filosofia sociale e giuridica. Torino, Istituto Giuridico, 1934.

Bobbio, Norberto, *Diritto e Stato nel pensiero di Emanuele Kant.* Torino, Giappichelli, 1957.

Bobbio, Norberto, *Teoria della norma giuridica.* Torino, Giappichelli, 1958.

Bobbio, Norberto, *Norma giuridica.* En: *Novissimo digesto italiano.* Torino, Utet, vol. 11, 1965, pp. 330-337.

Bobbio, Norberto, *Diritto e logica.* «Rivista internazionale di filosofia del diritto» 39 (1962), pp. 11-45.

Bocardo Crespo, Enrique, *Tres ensayos sobre Kelsen.* Sevilla, Universidad de Sevilla, 1993.

Bohnert, Herbert G., *The Semiotic Status of Command.* «Philosophy of Science», 12 (1945), pp. 302-315.

Boss, Gilbert, *'I promise': les functions du langage chez Hume et Austin.* «Revue de Theologie et de Philosophie», 110 (1978), pp. 29-48.

Braybrooke, David, *The Conditions on Which Rules Exist.* En: Schilpp, Paul A./Hahn, Lewis E. (ed.), *The Philosophy of Georg Henrik von Wright.* La Salle (Illinois), Open Court, 1989, pp. 187-209.

Broad, Charles D., *Imperatives, Categorical and Hypothetical.* «The Philosopher», 2 (1950), pp. 62-75.

Brunetti, Giovanni, *Norme e regole finali nel diritto.* Torino, Utet, 1913. Reedición: Napoli, Edizioni Scientifiche Italiane, 1979.

Bulygin, Eugenio, *Time and Validity.* En: Martino, Antonio A. (ed.), *Deontic Logic, Computional Linguistics and Legal Informatic Systems.* Amsterdam-New York-Oxford, North-Holland, pp. 65-81.

Bulygin, Eugenio, *Norms and Logic. Kelsen and Weinberger on the Ontology of Norms.* «Law and Philosophy», 4 (1985), pp. 145-163.

Burkhardt, Armin, Il filosofo del diritto Adolf Reinach, lo sconosciuto scopritore degli atti linguistici. «Teoria» (Pisa, Italia), 2 (1986), pp. 45-62.

Calsamiglia, Albert, *Kelsen y la crisis de la ciencia jurídica.* Barcelona, Ariel, 1977.

Capella Hernández, Juan R., *El derecho como lenguaje.* Barcelona, Ariel, 1968.

Carcaterra, Gaetano, *Il problema della fallada naturalistica. La derivazione del dover essere dall'essere.* Milano, Giuffrè, 1969.

Carcaterra, Gaetano, *Le norme costitutive.* Milano, Giuffrè, 1974.

Carcaterra, Gaetano, *La «Grande Divisione», sí e no.* «Rivista di filosofia», 67 (1976), pp. 26-73.

Carcaterra, Gaetano, *La forza costitutiva delle norme.* Roma, Bulzoni, 1979.

Castañeda, Héctor-Neri, *Nota sobre la lógica de los fines y medios.* «Revista de la Universidad de San Carlos» (Guatemala), 39 (1956), pp. 63-75.

Castañeda, Héctor-Neri, *Un sistema general de lógica normativa.* «Dianoia», 3 (1957), pp. 303-333.

Castañeda, Héctor-Neri, *Obligation and modal logic.* «Logique et Analyse», 3 (1960), pp. 40-48.

Castañeda, Héctor-Neri, *Imperative Reasoning.* «Philosophy and Phenomenological Research», 21 (1960-1961), pp. 21-49.

Castañeda, Héctor-Neri, *Thinking and Doing*. Dordrecht, Reidel, 1975.

Castañeda, Héctor-Neri, The Paradoxes of Deontic Logic: *The Simplest Solution to All of Them in One Fell Swoop*. En: Hilpinen, Risto (ed.), *New Studies in Deontic Logic*. Dordrecht, Reidel, 1981, pp. 37-85.

Castañeda, Héctor-Neri, Negaciones, imperativos, colores, existencia y la paradoja de Bertrand Russell. «Theoria», 1 (1985-1986), pp. 13-57.

Castignone, Silvana, *Le parole del fare: Austin, Olivecrona, Ross e la «fallacia performativa»*. «Materiali per una storia della cultura giuridica», 11 (1981), pp. 439-458.

Catania, Alfonso, Argomenti per una teoria dell 'ordinamento giuridico. Napoli, Jovene, 1976.

Celano, Bruno, Dialettica de la giustificazione pratica. Saggio sulla legge de Hume. Torino, Giappichelli, 1994.

Charbonneau, Simon, *Norme juridique et norme technique*. «Archives de Philosophie du Droit», 28 (1983), pp. 283-291.

Chisholm, Roderick M., *Practical Reason and the Logic of Requirement*. En: *Raz, Joseph* (ed.), *Practical Reasoning*. Oxford, Oxford University Press, 1978. pp. 118-127.

Cobb, Charles K., Legal Statements as Conditional Directives. Mind. 76 (1967), pp. 493-512.

Conte, Amedeo G., *Su Carcaterra*. «Rivista di filosofia», 67 (1976), pp. 101-105. Reedición en: Conte, Amedeo G., *Filosofia del linguaggio normativo I. Studi 1965-1981*. Torino, Giappichelli, 1989, pp. 165-169.

Conte, Amedeo G., *Aspekte der Semantik der deontischen Sprache*. En: Conte, Amedeo G./Hilpinen, Risto/Wright, Georg H. von (eds.), *Deontische Logik und Semantik*. Wiesbaden, Athenaion, 1977, pp. 59-73.

– Conte, Amedeo G., *Parerga leibnitiana*. «Informatica e diritto», 4 (1978), pp. 217-255.

Conte, Amedeo G., Deux questions en réponse à une critique de Georges Kalinowski. «Logique et analyse», 21 (1978), pp. 79-88.

Conte, Amedeo G., Regola costitutiva in Wittgenstein. En: Castellani, Francesca (ed.), Uomini senza qualità. La crisi dei linguaggi nella grande Vienna. Trento, UCT, 1981, pp. 51-68.

Conte, Amedeo G., *Materiali per una tipologia delle regole*. «Materiali per una storia della cultura giuridica», 15 (1985), pp. 345-368.

Conte, Amedeo G., *Minima deontica.* «Rivista internazionale di filosofia del diritto», 65 (1988), pp. 425-475.

Conte, Amedeo G., *Deon in deontics.* «Ratio Juris», 4 (1991), pp. 349-354.

Conte, Amedeo G., *Deontica aristotelica.* «Rivista internazionale di filosofia del diritto», 69 (1992), pp. 178-252.

Cossio, Carlos, *Las posibilidades de la lógica jurídica según la lógica de Husserl.* «Revista de la Facultad de Derecho de Buenos Aires», 23 (1951), pp. 201-241.

Cossio, Carlos, La norme et l'impératif chez Husserl. En: Mélanges en l'honneur de Paul Roubier. Paris, Dalloz & Sirey, 1961, pp. 145-198.

Crosby, John F., *Reinach's Discovery of Social Acts.* «Aletheia», 3 (1983), pp. 143-194.

Delgado Pinto, José, El voluntarismo de Hans Kelsen y su concepción del orden jurídico como sistema normativo dinámico. En: Filosofía y Derecho. Estudios en honor del Profesor José Corts Grau. Valencia, Universidad de Valencia, 1977, pp.123-159.

Delgado Pinto, José, Sobre la vigencia y la validez de las normas jurídicas. «Doxa», 7 (1990), pp. 101-167.

Di Lucia, Paolo, *L'interpretazione della promessa in Adolf Reinach.* En: Galli, Giuseppe (ed.), *Interpretazione e promessa.* Pisa, Giardini, 1995, pp. 139-165.

Di Lucia, Paolo, *L'universale della promessa.* Milano, Giuffrè, 1997.

Diez Ausin, Francisco J., *Conflictos normativos y análisis lógico del derecho.* «Anuario de filosofía del derecho», 11 (1994), pp. 393-406.

Duxbury, Neil, *The Legai Philosophy of Adolf Reinach.* «Archiv fur Rechtsund Sozialphilosophie», 77 (1991), pp. 314-347 y 466-492.

Egidi, Rosaria, *Intenzione e ipotesi in Wittgenstein.* En: Gargani, Aldo/Conte. Amedeo G./Egidi, Rosaria, Wittgenstein. *Momenti di una critica del sapere.* Napoli, Guida, 1983, pp. 83-114.

Falcioni, Daniela, Gli atti sociali nella fenomenologia del diritto di Adolf Reinach. En: Punzi, Antonio (ed.), Relazione giuridica, riconoscimento e atti sociali. Roma, Bulzoni, 1991, pp. 395-455.

Fassò, Guido, *Legge naturalistica e legge pratica.* En: *Volume in onore di Gino Sollazzi.* «Studi parmensi», 3 (1953), pp. 275-317. Reedición en: Fassò, Guido, *Scritti di Filosofia del Diritto.* Ed. a cargo de E. Pattaro, C. Faralli y Giampaolo Zucchini. Milano, Giuffrè, vol. I, pp. 169-208.

– Fassò, Guido, *Legge descrittiva e legge prescrittiva.* En: Fassò, Guido, *Società, legge e raggione.* Milano, Edizioni di Comunità, 1974, pp. 231-268.

Ferrajoli, Luigi, *Teoria assiomatizzata del diritto. Parte generale.* Milano. Giuffrè, 1970.

Ferrari, Gianfranco, *Il diritto tra regola e azione.* Padova, Cedam, 1988.

Feys, Robert, *Expresión modale du 'devoir-être'.* «The Journal of Symboüc Logic», 29 (1955), pp. 91-92.

Finch, John D., *Introduction to Legai Theory.* London, Sweet and Maxwell. 1974.

Frosini, Vittorio, *La struttura del diritto.* Milano, Giuffrè, 1962. Traducción castellana de Antonio E. Pérez Luño: *La estructura del derecho.* Bologna. Real Colegio de España, 1974.

Gabaude, Jean M., *Une philosophie eidétique du droit.* «Revue de Métaphysique et de Morale», 83 (1978), pp. 258-270.

García Bacca, Juan D., *Necesidad. Necesario. El necesario.* En: García Bacca, Juan D., *Qué es Dios y quién es Dios.* Barcelona, Anthropos, 1986. pp. 113-116.

García Máynez, Eduardo, *Lógica del raciocinio jurídico.* México D. F., Fondo de Cultura Económica, 1964.

Gardies, Jean-Louis, *La philosophie du droit d'Adolf Reinach.* «Archives du philosophie du droi», 10 (1965), pp. 17-32.

Gardies, Jean-Louis, *De quelques voies de communication entre l «être» et le «devoir-être».* «Revue philosophique de la France et de l'Etranger», 3 (1976), pp. 273-291.

Gardies, Jean-Louis, *La logique déontique et ses sémantiques possibles.* «Logique et Analyse», 83-84 (1978), pp. 185-203.

Gardies, Jean-Louis, *Problèmes du passage de l'être au devoir-être.* «Archiv für Rechtsund Sozialphilosophi», 68 (1982), pp. 281-298.

Gardies, Jean-Louis, *Logique de l'action (ou du changement) et logique déontique.* «Logique et Analyse», 26 (1983), pp. 71-89.

Gardies, Jean-Louis, *Norme et nature.* En: Krawietz, Werner (ed.), *Theorie der Normen.* Berlin, Duncker und Humblot, 1984, pp. 105-117.

Gardies, Jean-Louis, *Essence de la promesse.* «Acta Analytica», 1 (1986), pp. 167-184.

Gardies, Jean-Louis, *L'erreur de Hume.* Paris, Presses Universitaires de France, 1987.

Gardies, Jean-Louis, *Adolf Reinach and the Analytic Foundations of Social Acts*. En: Mulligan, Kevin (ed.), *Speech Act and Sachverhalt*. Dordrecht, Martinus Nijhoff, 1987, pp. 107-118.

Gardies, Jean-Louis, *Peut-on parler de vérité et de fausseté pour les propositions performatives?* «Freiburger Zeitschrift für Philosophie und Theologie», 39 (1992), pp. 61-76.

Garret, Jan E., *Aristotle's Nontechnical Conception* of *Téchne*. «Modem Schoolman», 64 (1986-1987), pp. 283-294.

Garzón Valdés, Ernesto, *Algunos modelos de validez normativa*. «Revista latinoamericana de filosofía», 54 (1977), pp. 41-68.

Gavazzi, Giacomo, *Norme primarle e norme secondarie*. Torino, Giappichelli, 1967.

Geiger, Theodor, *Debat med Uppsala om Moral og Ret*. Lund, 1946. Traducción castellana de Ernesto Garzón Valdés: *Moral y derecho. Polémica con Uppsala*. Alfa, Barcelona, 1982).

Geiger, Theodor, *Vorstudien zu einer Soziologie des Rechts* (1947). Neuwied, Luchterhand Verlag, 1964. Traducción castellana de Arturo Camacho, Guillermo Hirata y Ricardo Orozco: *Estudios de sociología del derecho*. México D. F., Fondo de Cultura Económica, 1983.

Gianformaggio, Letizia, *Hans Kelsen on the Deduction of Validity*. «Rechtstheorie», 21 (1990, pp. 181-207.

Gioja, Ambrosio L., *La validez en el derecho*. «Revista de Derecho y Ciencias Sociales», 7-8 (1960-61), pp. 44-72.

González Lagier, Daniel, Clasificar acciones. Sobre la crítica de Raz a las reglas constitutivas de Searle. «Doxa», 13 (1993), pp. 265-276.

González Lagier, Daniel, *Acción y norma en G. H. von Wright*. Madrid, Centro de Estudios Constitucionales, 1995.

Goodrich, Peter, *Legal Discourse*. London, MacMillan Press, 1987.

Goretti, Cesare, *Il significato di una valutazione «tecnica» della realtà*. «Archivio della Cultura Italiana», 5 (1943), pp. 4-20.

Greenspan, Patricia S., *Conditional Ought and Hypothetical Imperatives*. «Journal of Philosophy», 72 (1975), pp. 259-276.

Guastini, Riccardo, *Norme che sono condizioni sufficienti del loro oggetto*? «Materiali per una storia della cultura giuridica», 16 (1986), pp. 213-222.

Guastini, Riccardo, Constitutive rules and the is-ought dichotomy. En: Di Bernardo, Giuliano (ed.), Normative structures of the social world. Amsterdam, Rodopi, 1988.

Hacker, Peter M., *Wittgenstein: Rules, Grammar and Necessity.* Oxford, Blackwell, 1980.

Hansson, Bengt, *An Analysis of Some Deontic Logics.* «Nous», 3 (1969), pp. 373-398.

Hare, Richard M., *The Language of Morals.* London, University Press, 1952.

Hare, Richard M., *Freedom and Reason.* Oxford, Oxford University Press, 1963.

Hare, Richard M., *The Promising Game.* «Revue internationale de la philosophic», 18 (1964), pp. 398-412.

Hare, Richard M., *Practical Inferences.* London, McMillan Press, 1971.

Hart, Herbert L. A., *The Concept of Law.* London, Oxford University Press, 1961. Traducción castellana de Genaro Carrió: *El concepto de derecho.* México D. F., Nacional, 1980.

Hart, Herbert L. A., *Self-Referring Laws.* En: *Festskrift tillägnad Karl Olivecrona.* Stockholm, Kungliga Boktryckeriet Nordstedt och Soner, 1964, pp. 307-316.

Hernández Marín, Rafael, *El derecho como dogma.* Madrid, Tecnos, 1984.

Hernández Marín, Rafael, *Nota sobre la aplicación del derecho.* «Anuario de filosofía del derecho», 1 (1984), pp. 159-160.

Hernández Marín, Rafael, Historia de la filosofía del derecho contemporánea. Madrid, Tecnos, 1986.

Hernández Marín, Rafael, *Practical Logic and the Analysis of Legal Language.* «Ratio Juris», 4 (1991), pp. 322-333.

Hierro, José S. P., *Problemas del análisis del lenguaje moral.* Madrid, Tecnos, 1970.

Hill, Thomas E., *The Hypothetical Imperative.* «Philosophical Review». 8 (1973), pp. 429-450.

Hofmann, Klaus, *Reinach and Searle on Promising. A Comparison.* En: Mulligan, Kevin (ed.), *Speech Act and Sachverhalt.* Dordrecht, Martinus Nijhoff. 1987, pp. 91-106.

Hofstadter, Douglas R., *About Nomic: A Heroic Game that Explores the Reflexivity of the Law.* «Scientific American», 246 (1982), n° 6, pp. 19-22.

Hohfeld, Wesley N., *Some Fundamental Legal Conceptions as Applied in Judicial Reasoning. I.* «Yale Law Journal», 23 (1913), pp. 16-59. Reedición en: Hohfeld, Wesley N., *Some Fundamental Legal Conceptions as Applied in Judicial Reasoning and Other Legal Essays.* Ed. a cargo de Walter W. Cook. New Haven/London/Oxford, Yale University Press/ Humphrey Milford/Oxford University Press, 1923, pp. 3-64.

Holmes, Robert L, *Is Morality a System of Hypothetical Imperatives?* «Analysis», 34 (1974), pp. 96-100.

Hume, David, *A treatise of human nature* (1739). Ed. a cargo de L. A. Selby-Bigge: Oxford, Clarendon Press, 1888 (reimpr. 1967). Traducción castellana: *Tratado de la naturaleza humana.* Ed. a cargo de Félix Duque. Madrid, Tecnos, 1988.

Husserl, Edmund, *Logische Untersuchungen* (1900-1901). Halle, Max Niemeyer, 1928. Traducción castellana de Manuel García Morente y José Gaos: *Investigaciones lógicas.* Madrid, Revista de Occidente, 1976.

Ihering, Rudolf von, *Der Zweck im Recht* (1877). Leipzig, Druck und Verlag von Breitkopf und Hortel, 1923. Traducción castellana: *El fin en el derecho.* Buenos Aires, Heliasta, 1978.

Iturralde Sesma, Victoria, *Lenguaje legal y sistema jurídico.* Madrid, Tecnos, 1989.

Iturralde Sesma, Victoria, *Sobre el silogismo judicial.* «Anuario de filosofía del derecho», 8 (1991), pp. 239-272.

Jacobelli Isoldi, Angela M., *Imperativi categorici e imperativi ipotetici.* «Giornale critico della filosofía italiana», 41 (1962), pp. 463-506.

Jones, Andrew J./ Pörn, Ingemar, *'Ought' and 'Must'.* «Synthese», 66 (1986), pp. 89-93.

Jorgensen, Jorgen, *Imperativer og logik* . «Theoria», 4, 1938, pp. 183-190. Traducción española de Amedeo G. Conte y Carlos Alarcón Cabrera: *Imperativos y lógica.* «Isegoría», 1999.

Jorgensen, Jorgen, *Imperatives and Logic.* «Erkenntnis», 7 (1937-1938), pp. 288-296.

Kalinowski, Jerzy vel Georges, *Teoría zdan normatywnych. [Teoría de las proposiciones normativas].* «Studia lógica», 1 (1953), pp. 113-146.

Kalinowski, Jerzy vel Georges, *Teoría poznania praktycznego.* [Teoría del conocimiento práctico]. Lublin, Towarzystwo Naukowe Katolickiego Uniwersytetu Lubelskiego, 1960.

Kalinowski, Jerzy, *Obligation dérivée et logique déontique relationnelle.* «Notre Dame Journal of Formal Logic», 1964, pp. 81-90. Reedición en: Kalinowski, Georges, *Etudes de logique déontique I (1953-1969).* Paris, Librairie Générale de droit et de jurisprudence, 1972, pp. 73-84.

Kalinowski, Jerzy, *Essai su le caractère ontique du droit.* «Revue de l'Université d'Ottawa», 34 (1964), pp. 81-99.

Kalinowski, Georges, *Possibilité et structure de la logique déontique.* «Archives de Philosophie du Droit», 10 (1965), pp. 313-333.

Kalinowski, Georges, *La logique des normes d'Edmund Husserl.* «Archives de Philosophie du Droit, 10 (1965), pp. 107-116. Reedición en: Kalinowski, Georges, *Études de logique déontique I (1953-1969).* Paris, Librairie Générale de droit et de jurisprudence, 1972, pp. 111-122.

Kalinowski, Georges, *Le problème de la vérité en morale et en droit.* Lyon, Vitte, 1967.

Kalinowski, *Sur la vérité des normes.* «Rivista internazionale di filosofía del diritto», 45 (1968), pp. 592-602.

Kalinowski, Georges, *La logique des valeurs d'Edmund Husserl.* «Archives de Philosophie du Droit», 13 (1968), pp. 267-282.

Kalinowski, Georges, *La logique des normes.* Paris, Presses universitaires de France, 1972. Traducción castellana de Juan R. Capella: *Lógica del discurso normativo.* Madrid, Tecnos, 1975.

Kalinowski, Georges, *Uber die Bedeutung der Deontik für Ethik und Rechtsphilosophie.* En: Conte, Amedeo G./Hilpinen, Risto/Wright, Georg Henrik von (eds.), *Deontische Logik und Semantik.* Wiesbaden, Athenaion, 1977, pp. 101-129.

Kalinowski, Georges, La cause de certaines antinomies juridiques. Refleéxions inspirées par la lecture de Leibnitz. «Logique et analyse», 21 (1978), pp. 89-110.

Kalinowski, Georges, *Réponse à Amedeo G. Conte.* «Logique et analyse», 21 (1978), pp. 121-122.

Kalinowski, Georges, Sobre la importancia de la lógica deóntica para la filosofía del derecho. Traducción española de Antonio E. Pérez Luño. En: Pérez Luño (ed.), Problemas actuales de la documentación y la informática jurídica. Madrid, Tecnos, 1987, pp. 163-173.

Kalinowski, Georges, *Sur l'analogie entre le déontique et Valéthique.* «Theoria», 3 (1988), pp. 45-65.

Kalinowski, Georges, *Ontique et déontique.* «Rivista internazionale di filosofia del diritto», 66 (1989), pp. 437-449.

Kanger, Stig G., *New Foundations for Ethical Theory.* Stockholm (edición privada), 1957. Reedición en: Hilpinen, Risto (ed.), *Deontic Logic. Introductory and Systematic Readings.* Dordrecht, Reidel, 1971, pp. 36-58.

Kanger, Stig G., *Law and Logic.* «Theoria. A Swedish Journal of Philosophy», 38 (1972), pp. 105-132.

Kant, Immanuel, *Grundlegung zur Methaphysik der Sitten* (Riga, Hartknoch, 1785). Ed. a cargo de Karl Vorländer. Leipzig, Philosophische Bibliotek, 1994. Traducción castellana: *Fundamentación de la metafisica de las costumbres.* Ed. a cargo de Luis Martínez de Velasco. Madrid, Espasa-Calpe, 1990.

Kaufmann, Felix, *Methodology of the Social Sciences.* New York, Oxford University Press, 1944.

Kelsen, Hans, *Reine Rechtslehre. Einleitung in die rechtswissenschaftliche Problematik.* Wien, Deuticke, 1934 (1ª ed.). Traducción castellana de Moisés Nilve: *Teoría pura del derecho.* Buenos Aires, Eudeba, 1987.

Kelsen, Hans, *Causality and Retribution.* «The Journal of Unified Science (Erkenntnis)», 1939, pp. 234-240. Traducción castellana de Albert Calsamiglia: *Causalidad y retribución.* En: Kelsen, Hans, ¿Qué es justicia?. Barcelona, Ariel, 1982, pp. 194-220.

Kelsen, Hans, *General Theory of Law and State.* Cambridge (Massachussets), Harvard University Press, 1945. Traducción castellana de Eduardo García Máynez: *Teoría general del Derecho y del Estado.* México D. F., UNAM, 1983.

Kelsen, Hans, Causality and Imputation. *Ethics,* 1950, pp. 1-11. Traducción castellana de Albert Calsamiglia: *Causalidad e imputación.* En: Kelsen, Hans, *¿Qué es justicia?* Barcelona, Ariel, 1982, pp. 221-253.

Kelsen, Hans, *What is Justice? Justice, Law and Politics in the mirror of Science.* Berkeley, University of California Press, 1960. Traducción castellana de Albert Calsamiglia: *¿Qué es justicia?* Barcelona, Ariel, 1982.

Kelsen, Hans, Reine Rechtslehre. *Einleitung in die rechtswissenschaftliche Problematik.* Wien, Deuticke, 1960 (2ª ed.). Traducción castellana de Roberto Vernengo: *Teoría pura del derecho.* México, UNAM, 1983.

Kelsen, Hans, *Derogation.* En: Newman, Ralph (ed.), *Essays in Jurisprudence in Honor of Roscoe Pound.* Indianapolis-New York, The Bobb-Merrill Com., 1962, pp. 339-372. Reedición en: Weinberger, Ota (ed.), *Essays in legal and Moral Philosophy.* Dordrecht, Reidel, 1973.

Kelsen, Hans, *Recht und Logik.* «Forum», 12 (1965), pp. 421-425 y 495-500. Traducción castellana de Ulises Schmill Ordóñez y Jorge Castro Valle: *Derecho y lógica.* México, UNAM, 1978.

Kelsen, Hans, *Eine Phänomenologische Rechtstheorie.* «Osterreichische Zeitschrift für öffentliches Recht», 15 (1965), pp. 353-409.

Kelsen, Hans, *Nochmals: Recht und Logik.* «Neues Forum», 14 (1967), pp. 39-40.

Kelsen, Hans, Allgemeine *Theorie der Normen.* Wien, Manz, 1979.

Kelsen, Hans/Klug, Ulrich, *Rechtsnormen und Logische Analyse.* Wien, Deuticke, 1981. Traducción castellana de Juan Carlos Gardella: *Normas jurídicas y análisis lógico.* Madrid, Centro de Estudios Constitucionales, 1988.

Kenny, Anthony, *Practical Reasoning and Rational Appetite.* En: Raz, Joseph (ed.), *Practical Reasoning.* Oxford, Oxford University Press, 1978, pp. 63-80.

Kremer, Michael, *«If» is Unambiguous.* «Nous», 21 (1987), pp. 199-217.

Legaz Lacambra, Luis, *La lógica como posibilidad del pensamiento jurídico.* «Anuario de filosofía del derecho», V (1957), pp. 1-86; VI (1958-59), pp. 1-48.

Lenk, Hans, Varieties of Commitment. Approaches to the Symbolization of Conditional Obligations. «Theory and Decision», 9 (1978), pp. 17-37.

Locke, John, *Epistola de tolerantia* (1689). Traducción inglesa: *A letter concerning toleration.* Ed. a cargo de R. Klibansky y J. W. Gough. Oxford, Clarendon Press, 1968. Traducción castellana: *Carta sobre la tolerancia.* Ed. a cargo de Pedro Bravo Gala. Madrid, Tecnos, 1985.

Lorini, Giuseppe, *Anankastico in deontica.* Tesi di Laurea, Pavia, 1995.

Lorini, Giuseppe, *Fenomenología del deber anankástico*. En: Alarcón Cabrera, Carlos (ed.), *Estudios de deóntica*. Sevilla, Castillejo, 1995, pp. 105-122.

Lorini, Giuseppe, *La fiducia e la sfiducia nelle istituzioni*. Rivista internazionale di filosofia del diritto, 76 (1999), pp. 285-316.

Lorini, Giuseppe, *Hacia una teoría de los objetos jurídicos*. En: Alarcón Cabrera, Carlos (ed.), *Fenomenología, semiótica y derecho*. Mad, Sevilla, 2000, pp. 57-88.

Lorini, Giuseppe, Dimensioni giuridiche dell'istituzionale. Padua, Cedam, 2000.

Luzzati, Claudio, Discretion and «Indeterminacy» in Kelsen's Theory of Legai Interpretation. En: Gianformaggio, Letizia (ed.), Hans Kelsen's legal theory. A diachronic point of view. Torino, Giappichelli, 1990, pp. 123-138.

Mackie, John L., *Causes and Conditions*. «American Philosophical Quarterly», 2 (1965), pp. 245-264.

Mackie, John L., *Ethics. Inventing Right and Wrong*. London, Penguin, 1977.

Mackie, John L., *Von Wright on Conditionals and Natural Necessity*. En: Schilpp, Paul A./Hahn, Lewis E. (ed.), *The Philosophy of Georg Henrik von Wright*. La Salle (Illinois), Open Court, 1989, pp. 707-730.

MacCormick, Neil, *The Law as Institutional Fact*. «Law Quarterly Review», 90 (1974), pp. 102-129.

MacCormick, Neil, *Legal Reasoning and the Institutional Theory of Law*. En: Koller, Peter/Krawietz, Werner/Strasser, Peter (eds.), *Institution und Recht*. Berlin, Duncker & Humblot, 1994, pp. 117-139.

MacCormick, Neil, *Norms, Institutions and Institutional Facts*. «Law and Philosophy», 17 (1998), pp. 301-345.

MacCormick, Neil/Weinberger, Ota, *An Institutional Theory of Law*. Dordrecht, Reidel, 1986.

MacLaughlin, Robert N., *Further problems of derived obligation*. «Mind», 64 (1955), pp. 400-402.

MacLaughlin, Robert N., *Moral Commitments, Legal Validity and Duty under Law*. «The Philosophical Quarterly», 19 (1969), pp. 123-134.

Malcolm, Norman, *Intention and Behavior*. En: Schilpp, Paul A./Hahn, Lewis E. (ed.), *The Philosophy of Georg Henrik von Wright*. La Salle (Illinois), Open Court, 1989, pp. 353-376.

Marchello, Giuseppe, Il diritto come tecnica di avvaloramento. En: *Studi in onore di Giuseppe Chiarelli.* Milano, Giuffrè, 1974, pp. 3651-3669.

Martínez Roldán, Luis, *Nueva aproximación al pensamiento jurídico de Hans Kelsen.* Madrid, La Ley, 1988.

Mazzarese, Tecla, *Antinomie, paradossi, logica deontica.* «Rivista internazionale di filosofia del diritto», 61 (1984), pp. 419-464.

Mazzarese, Tecla, *Logica deontica e linguaggio giuridico.* Padova, Cedam, 1989.

Mazzarese, Tecla, Nomodinamica e logica delle norme. Note su Kelsen e Weinberger. «Studi Senesi», 40 (1991), pp. 263-282.

Michalska, Anna, *Il carattere giuridico delle norme tecniche.* «Rivista internazionale di filosofia del diritto», 46 (1969), pp. 234-246.

Moreso, José J./Navarro, Pablo E., *Orden jurídico y sistema jurídico.* Madrid, Centro de Estudios Constitucionales, 1993.

Niiniluoto, Ilkka, *Hypothetical Imperatives and Conditional Obligation.* «Synthese», 66 (1986), pp. 111-133.

Olivecrona, Karl, *Law as Fact* (1939). London, Stevens & Sons, 1971. Traducción castellana de Luis López Guerra: *El derecho como hecho.* Barcelona, Labor, 1980.

Olivecrona, Karl, *Election and Creation.* En: *Studi in onore di Emilio Betti.* Vol. I. Milano, Giuffrè, 1962, pp. 383-388.

Olivecrona, Karl, *Legal Language and Reality.* En: Newman, Ralph A. (ed.), *Essays in Jurisprudence in Honor of Roscoe Pound.* New York, Bobbs-Merrill, 1962, pp. 151-191.

Opalek, Kazimierz, *«Doing Things with Words» and the Law.* «Anuario de Filosofía del Derecho», XVII (1973-1974), pp. 233-243.

Opalek, Kazimierz,/Wolenski, Jan, *Is, Ought and Logic.* «Archiv für Rechts-und Sozialphilosophie», 73 (1987), pp. 373-385.

Paulson, Stanley, *Demystifying Reinach's Legal Theory.* En: Mulligan, Kevin (ed.), Speech *Act and Sachverhalt.* Dordrecht, Martinus Nijhoff, 1987, pp. 133-154.

Paulson, Stanley, Toward a Periodization of the Pure Theory of Law. En: Gianformaggio, Letizia (ed.), Hans Kelsen's legal theory. A diachronic point of view. Torino, Giappichelli, 1990, pp. 11-48.

Peczenik, Aleksander H., *On Law and Reason.* Dordrecht, Kluwer, 1989.

Peña, Lorenzo, *Un enfoque no-clásico de varias antinomias deónticas.* «Theoria» (2ª época), 3 (1988), pp. 71-91.

Peña, Lorenzo, El problema de los dilemas morales en la filosofía analítica. «Isegoría, 3 (1991), pp. 43-79.

Perelman, Chaim, *Logique juridique.* Paris, Dalloz, 1976.

Pérez Luño, Antonio E., *Iusnaturalismo y positivismo jurídico en la Italia moderna.* Bologna, Real Colegio de España, 1971.

Pérez Ruiz, Carlos, *La construcción social del derecho.* Sevilla, Universidad de Sevilla, 1996.

Perticone, Giacomo, Il diritto e lo stato nel pensiero italiano contemporaneo. Padova, Cedam, 1950.

Platón, *Las leyes.* Ed. bilingüe a cargo de José Manuel Pabón y Manuel Fernàndez-Galiano. Madrid, Centro de estudios constitucionales, 1983.

Platón, *Cratilo.* Ed. a cargo de Francisco Samaranch. En: *Platón, Obras completas.* Ed. a cargo de José Antonio Miguez. Madrid, Aguilar, 1972, pp. 497-552.

Poggi, Alfredo, Il concetto del diritto e dello stato nella filosofia giuridica italiana contemporanea. Padova, Cedam, 1933.

Pollastro, Piero, *Imperativo performativo in Karl Olivecrona: un concetto ambiguo.* «Materiali per una storia della cultura giuridica», 13 (1983), pp. 233-262.

Prior, Arthur N., *Logic and the Basis of Ethics.* Oxford, Clarendon Press, 1949.

Prior, Arthur N., *The Ethical Copula.* «Australasian Journal of Philosophy», 29 (1951), pp. 137-154.

Prior, Arthur N., *The Paradoxes of derived obligation.* «Mind», 63 (1954), pp. 64-65.

Prior, Arthur N., *Time and Modality.* Oxford, Clarendon Press, 1957.

Prior, Arthur N., *Escapism: the Logical Basis of Ethics.* En: Melden, Abraham I. (ed.), *Essays in Moral Philosophy.* Seattle, University of Washington Press, 1958, pp. 135-146.

Prior, Arthur N., Imperatives and Truth. En: Akten des XIV Internationalen Kongresses für Philosophie. Wien, Herder, vol. 2, 1968, pp. 291-296.

Pszczólkowski, Leszek, *Prakseologiczna niezgodnosc norm.* (Incoherencia praxeológica entre normas). «Studia prawno-ekonomiczne», 18 (1977), pp. 31-40.

Quine, Willard O., *From a logical point of view.* Cambridge (Massachussets), Harvard University Press, 1953.

Radbruch, Gustav, *Grundzüge der Rechtsphilosophie* (1914). Ed. a cargo de E. Wolf. Stuttgart, Verlag, 1956. Traducción castellana de José Medina Echevarría: Filosofía del derecho. Madrid, Revista de Derecho Privado, 1933.

Ravà, Adolfo, *Il diritto come norma tecnica.* «Studi economico-giuridici pubblicati per cura dell'Università di Cagliari», 1911, vol. I, pp. 33-124. Reedición en: Ravà, Adolfo, *Diritto e Stato nella morale idealistica.* Padova, Cedam, 1950, pp. 1-120.

– Rawls, John, *Two Concepts of Rules.* «The Philosophical Review», 64 (1955), pp. 3-32.

Rawls, John, *A Theory of Justice.* Cambridge (Massachusetts), Harvard University Press, 1971.

Raz, Joseph, *Practical Reason and Norms.* London, Hutchinson, 1975. Traducción castellana de Juan Ruiz Manero: *Razón práctica y normas.* Madrid, Centro de Estudios Constitucionales, 1991.

Raz, Joseph, *Promises and Obligations.* En: Hacker, Peter M./Raz, Joseph (ed.), *Law, Morality and Society. Essays in honour of H. L. A. Hart.* Oxford, Clarendon Press, 1977, pp. 210-228.

Réglade, Marc, Valeur sociale et concepts juridiques. Norme et technique. Paris, Sirey, 1950.

Reinach, Adolf, *Die apriorischen Grundlagen des bürgerlichen Rechtes.* «Jahrbuch für Philosophie und phänomenologische Forschung», 1 (1913), pp. 685-847. Traducción castellana de José Luis Alvarez: *Los fundamentos apriorísticos del derecho civil.* Barcelona, Bosch, 1934.

Reinach, Adolf, *Über Phenomenologie* (1914). München, Kösel, 1951. Traducción castellana de Rogelio Rovira: *Introducción a la fenomenología.* Madrid, Encuentro, 1986.

Reinach, Adolf, *Kant's Interpretation of Hume's Problem.* «Southwestern Journal of Philosophy», 1976, pp. 161-188.

Rescher, Nicholas, *Conditional Permission in Deontic Logic.* «Philosophical Studies», 13 (1962), pp. 1-6.

Robles, Gregorio, *Norma y regla técnica.* «Revista de la Facultad de Derecho de la Universidad Complutense», 67 (1982), pp. 81-106.

Robles, Gregorio, *Las reglas del derecho y las reglas de los juegos.* Palma de Mallorca, Facultad de Derecho, 1984.

Robles, Gregorio, *La comparación entre el derecho y los juegos.* «Anuario de filosofía del derecho», 3 (1986), pp. 577-607.

Rodilla, Miguel A., *El derecho y los juegos. Utilidad y límites de una analogía.* «Anuario de filosofía del derecho», 3 (1986), pp. 547-577.

Rodríguez Marín, Jesús, Notas sobre la consideración lógico-formal del razonamiento práctico. «Teorema», 1 (1971), pp. 115-121.

Rodríguez Marín, Jesús, *La reducción de la lógica deóntica a lógica modal.* «Teorema», 6 (1976), pp. 99-117.

Rosdorff, Leopold W., *Hohfeld 's Theory of Fundamental Legal Concepts: a No-Revision.* «Logique et analyse», 16 (1973), pp. 259-272.

Ross, Alf, *Imperatives and Logic.* «Theoria», 7 (1941), pp. 53-71. Reedición en: «Philosophy of Science», 11 (1944), pp. 30-46.

Ross, Alf, *Om begrebet «gaeldende ret» hos Theodor Geiger* [El concepto «derecho válido» en Theodor Geiger]. «Tidsskrift for rettsvitenskap», 63 (1950), pp. 242-272.

Ross, Alf, Om *ret og retfoerdighed.* Kobenhavn, Nyt Nordisk Forlag Arnold Busck, 1953. Traducción inglesa de Margaret Dutton a cargo de Max Knight: *On Law and Justice.* London, Stevens, 1958. Traducción castellana de Genaro Carrió: *Sobre el Derecho y la justicia.* Buenos Aires, Eudeba, 1970.

Ross, Alf, *Directives and Norms.* London, Routledge, 1968. Traducción castellana de José S.-P. Hierro: *Lógica de las normas.* Madrid, Tecnos, 1971.

Ross, Alf, On Self-Reference and a Puzzle in Constitutional Law. «Mind», 78 (1969), pp. 1-24.

Ross, Alf, *The Rise and Fall of the Doctrine of Performatives.* En: Olson, Raymond E./Paul, Anthony M. (eds.), *Contemporary Philosophy in Scandinavia.* Baltimore, Johns Hopkins University Press, 1972, pp. 197-212.

Ruiz Mañero, Juan, *Jurisdicción y normas.* Madrid, Centro de Estudios Constitucionales, 1990.

Salguero, Francisco J., *La interpretación de las normas: lógica deóntica y sistemas modales mixtos.* En: Martín Vide, Carlos (ed.), Lenguajes naturales y lenguajes formales. Sevilla, Universidad de Sevilla, 1994, pp. 607-614.

Sánchez García, Dora, *Lógica Deóntica e Diritto Naturale*. En: Martino, Antonio A./F. Socci Natali, Fiorenza (ed.). Milano, Giuffré, pp. 441-448.

Sánchez-Mazas, Miguel, *Cálculo de las normas*. Barcelona, Ariel, 1973.

Sánchez-Mazas, Miguel, Théories syllogistique et déontique analysées comme structures algébriques. «Theoria», 5 (1990), pp. 193-222.

Sánchez-Mazas, Miguel, Concepto y número: Invariantes numéricos y juicios de existencia en la perspectiva intensional de Leibnitz. «Theoria», 7 (1992), pp. 198-278.

Scarpelli, Uberto, *Contributo alla semantica del linguaggio normativo*. Torino, Memoria dell'Accademia delle scienze di Torino, 1959 (I[a] ed.); Milano, Giuffrè, 1985 (2[a] ed.).

Scarpelli, Uberto, *Diritti positivi e diritti naturali: un 'analisi semiotica*. En: Scarpelli, Uberto/Di Lucia, Paolo (eds.), *Il linguaggio del diritto*. Milano, LED, 1994, pp. 233-246.

Schneider, Herbert W., *Teleological Prescriptions and Descriptions*. En: Schilpp, Paul A./Hahn, Lewis E. (ed.), *The Philosophy of Georg Henrik von Wright*. La Salle (Illinois), Open Court, 1989, pp. 211-215.

Searle, John R., *How to derive «ought» from «is»*. «The Philosophical Review», 71 (1962), pp. 43-58. Reedición en: Foot, Ph. (ed.), *Theories of Ethics*. London, Oxford University Press, 1967, pp. 101-114.

Searle, John R., *Speech Acts*. London, Cambridge University Press, 1969.

Searle, John R., *Intentionality*. Cambridge, Cambridge University Press, 1983.

Searle, John R., *How Performatives Work*. «Linguistics and Philosophy», 12 (1989), pp. 535-558.

Searle, John R., *The construction of social reality*. London, Allen Lane, 1995.

Soeteman, Arend, *Conditional Norms*. En: Soeteman, Arend, *Logic in Law*. Dordrecht, Kluwer, 1989, pp. 183-208.

Spiegelberg, Herbert, *Rules and Order: Toward a Phenomenology of Order*. En: Kuntz, Paul (ed.), *The Grinnell Symposium*. Washington, Washington University Press, 1968, pp. 290-308.

Stammler, Rudolf, *Lehrbuch der Rechtsphilosophie.* Berlin-Leipzig, Verein-wissenschaftliche Verlag, 1922. Traducción castellana de Wenceslao Roces: *Tratado de filosofía del derecho.* Madrid, Reus, 1930.

Stella, Giuliana, *L'a priori della proomessa in Adolf Reinach.* «Rivista internazionale di filosofia del diritto», 63 (1986), pp. 211-251.

Stella, Giuliana, Hans Kelsen e Edmund Husserl. En: Stella, Giuliana, I giuristi di Husserl. L'interpretazione fenomenologica del diritto. Milano, Giuffr, 1990, pp. 392-408.

Stenius, Erik, *The Principles of a Logic of Normative Systems.* «Acta philosophica fennica», 16 (1963), pp. 247-260.

Stucka, Pètr I., Diritto - Legge - Tecnica (1930). E Stucka, Pètr I., *La funzione rivoluzionaria del diritto e dello stato e altri scritti.* Torino, Einaudi, 1967, pp. 493-499.

Sztykgold, Jerzy, *Negacja normy.* «Przeglad filozoficzny», 39 (1936), pp. 492-494. Traducción castellana de Jerzy Wróblewski, Amedeo G. Conte y Carlos Alarcón Cabrera: *La negación de la norma.* «Theoria», 10 (1995), pp. 171-176.

Tabaroni, Nereo, *La terza via neokantiana.* Napoli, Edizioni Scientifiche Italiane, 1987.

Thomason, Richmond H., *Deontic Logic as Founded on Tense Logic.* En: Hilpinen, Risto (ed.), *New Studies in Deontic Logic.* Dordrecht, Reidei, 1981, pp. 165-176.

Vernengo, Roberto J., *Validez y verdad en la Teoría general de las Normas* de Hans Kelsen. «Anales de la Cátedra Francisco Suárez», 25 (1979), pp. 13-28.

Vernengo, Roberto J., Deberes descriptivos y deberes prescriptivos. «Anuario de filosofía del derecho», 10 (1993), pp. 263-273.

Visalberghi, Aldo, Forma logica e contenuto empirico negli enunciati valutativi. La logica degli imperativi e delle norme. «Rivista di filosofia», 47 (1956), pp. 424-453.

Visalberghi, Aldo, *Esperienze e valutazione.* Torino, Taylor, 1958.

Weber, Max, *Wirtschaft und Gesellschaft* (1922). Ed. a cargo de Johannes Winckelmann. Koln, Kiepenheur & Witsch, 1964. Traducción castellana de José Medina Echevarría, Juan Roura Parella, Eduardo García Máynez, Eugenio Imaz y José Ferrater Mora: *Economía y sociedad.* México D. F., Fondo de Cultura Económica, 1977.

Weinberger, Ota, *«Is» and «Ought» Reconsidered. Comment on G. H. Von Wright's Lecture «Is and Ought»*. «Archiv fur Rechts- und Sozialphilosop- hie», 70 (1984), pp. 454-474.

Weinberger, Ota, The expressive conception of norms: an impasse for the logic of norms. «Law and Philosophy», 4 (1985), pp. 164-181.

Wittgenstein, Ludwig, *Tractatus logico-philosophicus* (1921). London, Kegan Paul, Trench, Trubner & Co., 1922. Traducción castellana de Jacobo Muñoz e Isidoro Reguera: *Tractatus logico-philosophicus*. Madrid, Alianza Editorial, 1987.

Wittgenstein, Ludwig, *Philosophical Investigations. Philosphische Untersuchungen*. Oxford, blackwell, 1953. Traducción castellana de Alfonso García Suárez y Ulises Moulines: *Investigaciones filosóficas*. Madrid, Crítica, 1988.

Wittgenstein, Ludwig, *Philosophical Remarks. Philosphische Bemerkungen*. Oxford/Frankfurt, Blackwell/Suhrkamp, 1964.

Wittgenstein, Ludwig, Ludwig Wittgenstein and the Vienna Circle: Conversations Recorded by Friedrich Waismann. Ed. a cargo de Brian McGuiness. Oxford, Blackwell, 1967. Traducción castellana de Manuel Arboli: Ludwig Wittgenstein y el Círculo de Viena: conversaciones con Friedrich Waismann. México D. F., Fondo de Cultura Económica, 1973.

Wright, Georg H. von, *Deontic Logic*. «Mind», 60 (1951), pp. 1-15.

Wright, Georg H. von, *An Essay in Modal Logic*. Amsterdam, North-Holland, 1951.

Wright, Georg H. von, *A Note on Deontic Logic and Derived Obligation*. «Mind», 65 (1956), pp. 507-509.

Wright, Georg H. von, *On Conditionals*. En: Wright, Georg H. von, *Logical Studies*. London, Routledge and Kegan Paul, 1957, pp. 127-165.

Wright, Georg H. von, *On Promises*. «Theoria», 28 (1962), pp. 277-297.

Wright, Georg H. von, *Norm and Action*. London, Routledge and Kegan Paul, 1963. Traducción castellana de Pedro García Ferrero: *Norma y acción*. Madrid, Tecnos, 1970.

Wright, Georg H. von, *The Variety of Goodness*. London, Routledge and Kegan Paul, 1963.

Wright, Georg H. von, *Practical Inference*. «The Philosophical Review», 72 (1963), pp. 159-179.

Wright, Georg H. von, *A New System of Deontic Logic.* «Danish Yearbook of Philosophy», 1 (1964), pp. 173-182. Reedición en: Hilpinen, Risto (ed.), Deontic Logic. Introductory and Systematic Readings. Dordrecht, Reidel, 1971, pp. 105-115.

Wright, Georg H. von, *A Correction to a New System of Deontic Logic.* «Danish Yearbook of Philosophy», 2 (1965), pp. 103-107. Reedición en: Hilpinen, Risto (ed.), *Deontic Logic. Introductory and Systematic Readings.* Dordrecht, Reidel, 1971, pp. 116-120.

Wright, Georg H. von, *The Foundation of Norms and Normative Statements.* En: Ajdukiewicz, Kazimierz (ed.), *The Foundation of Statements and Decisions. Proceedings of the International Colloquium on Methodology of Science.* Warsaw, 1961. Warszawa, Panstowe Wydawnictwo Naukowe, 1965, pp. 351-367. Reedición en: Wright, Georg Henrik von, *Practical Reason.* Oxford, Blackwell, 1983, pp. 67-82.

Wright, Georg H. von, *Deontic Logic and the General Theory of Conditions.* «Crítica», 2 (1968), pp. 3-25. Reedición en: Hilpinen, Risto (ed.), *Deontic Logic. Introductory and Systematic Readings.* Dordrecht, Reidel, 1971, pp. 159-177.

Wright, Georg H. von, *An Essay in Deontic Logic and the General Theory of Action.* Amsterdam, North-Holland, 1968. Traducción castellana de Ernesto

- Garzón Valdés: Un ensayo de lógica deóntica y la teoría general de la acción. México, Unam, 1976.

Wright, Georg H. von, *On the Logic and Ontology of Norms.* En: Davis, John W. (éd.), Philosophical Logic. Dordrecht, Reidel, 1969, pp. 89-107.

Wright, Georg H. von, *On So-Called Practical Inference.* «Acta sociologica», 15 (1972), pp. 39-53.

Wright, Georg H. von, *Deontic Logic Revisited.* «Rechstheorie», 4 (1973), pp. 37-46.

Wright, Georg H. von, *On the Logic of Norms and Actions.* En: Hilpinen, Risto (éd.), New Studies in Deontic Logic. Dordrecht, Reidel, 1981, pp. 3-35.

Wright, Georg H. von, *Norms, Truth and Logic.* En: Wright, Georg Henrik von, Practical Reason. Oxford, Blackwell, 1983, pp. 130-209. Traducción castellana de Carlos Alarcón Cabrera: *Normas, verdad y lógica.* México, Fontamara, 1997.

Wright, Georg H. von, Is and Ought. En: Bulygin, Eugenio/ Gardies, Jean-Louis/Niiniluoto, Ilkka (eds.), *Man, Laws, and Modem Forms of Life.* Dordrecht, Reidel, 1985, pp. 263-281.

Wright, Georg H. von, *On Conditional Obligation.* «Sârtryck ur juridisk tidskrift», 1 (1994-1995), pp. 1-7.

Wright, Georg H. von, *Conditionality.* En: Wright, Georg H. von, *Six Essays in Philosophical Logic.* Helsinki, Acta Philosophica Fennica, 1996.

Wright, Georg H. von, *Ought to be-Ought to do.* En: Garzón Valdés, Ernesto/Krawietz, Werner/von Wright, Georg H./Zimmerling, Ruth (ed.), *Normative Systems in Legal and Moral Theory. Festschrift for Carlos E. Alchourrón and Eugenio Bulygin.* Berlin, Duncker & Humblot, 1997, pp. 427-435.

Wright, Georg H. von, *Deontic Logic.* A personal view. Manuscrito privado, 1998.

Ziembinski, Zygmunt, *Les lacunes de la lois dans le système juridique polonais contemporain et les methodes utilisées pour les combler. «Logique et analyse»*, 53 (1966), pp. 38-51.

Ziembinski, Zygmunt, *Lawyer's Reasoning Based on the Instrumental Nexus of Legal Norms.* «Logique et analyse», 56 (1969), pp. 112-120.

Ziembinski, Zygmunt, O *rodzajach niezgodnosci norm* (Tipos de incoherencia entre normas). «Studia filozoficzne», 56 (1969), pp. 87-94.

Ziembinski, Zygmunt, *Norms of Competence as Norms of Conduct.* «Archivum juridicum cracoviense», 3 (1970), pp. 21-31.

Ziembinski, Zygmunt, *Logika praktycna.* Warszawa, Panstwowe Wydawnictwo Naukowe, 1973. Traducción inglesa de Leon Ter-Oganian: Practical Logic. Dordrecht, Reidel/Warszawa, Polish Scientific Publishers, 1976.

CAUSALIDAD Y NORMATIVIDAD, de CARLOS ALARCÓN CABRERA, se imprimió en la República Argentina en febrero de 2018.

www.ingramcontent.com/pod-product-compliance
Lightning Source LLC
LaVergne TN
LVHW082238051026
849532LV00012B/4036
* 9 7 8 9 5 6 3 9 2 1 3 4 2 *